AF397506

Ich widme das Buch meinem Vater,
meinem besten Freund auf Erden.
Gott hab dich selig, Papa!

Elena Jedaite

Ein Gruß an Fortuna

Gedichte & Balladen

Impressum

© 2021 Elena Jedaite
Umschlag, Illustration: Tschiedel, Tschiedel

Verlag & Druck: tredition GmbH, Halenreie 40-44, 22359 Hamburg

ISBN
978-3-347-24339-2 (Paperback)
978-3-347-24340-8 (Hardcover)
978-3-347-24341-5 (e-Book)

Inhaltsverzeichnis

Fortuna grüßt Liebende 7

Die Grammatik der Liebe 8
Diagnose: Er liebt mich 13
Ein Mittagspausenflirt 17
Nur drei Tage 22
Ballade vom Fischer Joe 26
Wahre Liebe? 34

Clown-Trilogie 35

Clown in Liebe 36
Clown in Not 38
Der Sturz des Clowns 42

Frühjahr 2020 45

Corona-Variationen 46
Karma contra Fortuna 46
Fortuna contra Corona 47
Geisterstadt 50
Maske contra Corona 52
Er in der Quarantäne 54
Sie in der Quarantäne 57

Falsch gewickelt 59

Freud lässt grüßen 60
Ich und mein Alter Ego 63
Keine Maus 66
Unsichtbar 69
Novemberspleen 72
Vergebliche Reue 74
Pechvogelglück 76

Ein paar ungeklärte Dinge   85

    Reue post mortem   86

    Ein paar lose Enden   90

    Hinter dem Vorhang   94

    Das Gebet eines Fehlgeleiteten   98

    Zwei linke Flügel   101

Fortunas Gunst und Ungunst   105

    Die Welt aus dem linken Winkel   106

    Melodie ohne Worte   111

    Wunderbar!   115

    Das 104-te Schaf   119

Danksagung   120

Fortuna grüßt Liebende

Die Grammatik der Liebe

Prof. Robert Fox über Liebesglück
(Elena Jedaite: aus „Das Haus der Fiktionen")

Wie erkennen Sie, meine Damen,
ob er Sie wirklich liebt?
Welche Kriterien schweben uns vor?
Übernehmen Sie meine, es ist ein Geheimtipp.
Geheim heißt geheim! Sonst gibt es ein Eigentor.

Ist er für Ihre Gefühle empfänglich?
Spürt er, was Sie empfinden?
Ist er dazu bestimmt, Sie zu lieben,
schlägt seine Antenne bei Ihrem Kummer
wie eine Wünschelrute beim Erdstrahl aus?
Sie staunen und finden ihn hochsensibel
und zollen ihm reichlich Applaus.
Tut er es nicht, begleiten Sie ihn
ohne Bedauern höflich hinaus.

Lässt er es zu, dass andere Sie verletzen?
Greift er sinngemäß wie ein Cowboy zur Flinte,
um den Angreifer niederzustrecken?
Sind Sie dabei, in das Leben hereinzuschmecken,
an vermeintlichen Rundungen, Kanten und Ecken
tote Winkel im Glück aufzudecken?

Dann wissen Sie sicher: Auch wenn es glattläuft,
droht es immer noch schiefzugehen.

Wenn er bereit ist, Ihnen, wobei auch immer,
stets bedingungslos beizustehen, liebt er Sie.
Tut er es nicht, so möge er gehen.

Kommt er, wenn Sie ihn brauchen und rufen?
Eilt er vorbei, um Sie in den Arm zu nehmen
und Sie in Ihren Nöten zu trösten?
Man kann einem Mann
ein paar Kunststücke beibringen –
Bügeln, Häkeln, Mandeln-Rösten.
Ignoriert er den Klageton in Ihrer Stimme
und lässt Sie allein mit dem Elend ringen,
ist jede Didaktik vergebliche Mühe,
dagegen lässt sich nichts unternehmen!

Drängt es ihn, Ihnen zu helfen,
Ihnen Sorgen und Bürden abzunehmen,
damit Sorgenfältchen von Ihrer Stirn
und die Schatten aus Ihren Blicken weichen?
Missachtet er Hilferufsignale,
lassen Sie diese Perle von Mann
getrost in der Muschelschale!

Übersehen Sie einfach, wie sehr
seine Blicke Sie zärtlich umschmeicheln!
Er ist nicht verzogen, schlecht erzogen
oder urplötzlich umgezogen.
Er hat nur angesichts Ihrer Probleme
feige den Schwanz eingezogen.
Er würde auch später vor jeder Hürde kneifen.

Und das überwiegt seine übrigen Vorzüge
auf Ihrer Gänseblümchen-Waagschale!

Verspürt er den Drang, Sie zu umsorgen?
Fragt er: "Wie kamst du gestern nach Hause?",
wenn er nicht da war, um Sie zu begleiten?
Dass Sie noch leben, weiß er bereits,
weil Sie gerade mit ihm reden.

Würde er gerne nur mit Ihnen
in den Sonnenuntergang reiten?
Hegt er den Wunsch, vor Ihren Füßen
ein Blumenmeer auszubreiten?
Eilt er herbei, um nach Ihnen zu sehen,
um Ihnen bei Schnupfen durch eine Massage
den bitteren Kräutertee zu versüßen?

Ist er drauf aus, durch seine Gaben
Ihnen Ihr Leben zu verschönern?
Schenkt er liebevoll Blumen, CDs,
zur Not selbstgebackenes Brot?
Im Klartext: Liebt er es, Sie zu verwöhnen?
Wenn er es tut, dann sind Sie ein Glückspilz
und dürfen dem Glück ohne Vorbehalt frönen!

Ja, wir Männer sind anders als ihr, meine Damen.
Trotzdem frag ich Sie, ob er kapiert,
was Sie sagen und sagen wollten.

Wenn er gar nichts von dem, was Sie meinen,
verbal, nonverbal raffen sollte,
wäre es besser, dass jeder von euch
das Unwiderlegbare rasch akzeptiert
und die traurige Tatsache realisiert,
dass das Sender-Empfänger-Zusammenspiel
leider Gottes nicht funktioniert.
Wenn er nicht weiß, was Sie meinen,
bedeutet es eben,
dass sich Ihre Gedanken nicht reimen!

Ist er verrückt nach Ihnen,
sucht er stets Ihre Nähe?
Will er Sie dauernd um sich haben?
Wie steht er übrigens zur Ehe?
Was hat er zu Ihren Plänen zu sagen?
Traut er sich nicht sich festzulegen,
baut er womöglich darauf,
Sie würden's nicht wagen,
riskante, altbackene Fragen
so unverblümt vorzutragen.
Sie trauen es ihm zwar nicht zu,
Sie als Klette anzuklagen,
aber er soll doch bitte nicht glauben,
Sie würden versuchen, ihn festzunageln!

Wenn ein Mann Sie umschmeichelt
und dennoch Ihre Nähe scheut,
wenn es ihn ganz und gar nicht freut,
neben Ihnen zu schlafen und aufzuwachen,
wenn er's beim Frühstück bitter bereut,

Sie nicht schon nachts nach dem Rausch
nett hinausbegleitet zu haben,
muss ich Ihnen zu meinem Bedauern sagen:
Er hasst es zutiefst, Sie beim Morgenkaffee
zu unterhalten und anzulachen.
Und ich, meine Damen, hass es noch mehr,
Ihnen den schönen Traum vom Glück
so schonungslos mieszumachen!

Diagnose: Er liebt mich

Ich frag ihn: „Was liebst du an mir?
Woher weißt du, dass du mich liebst?"
Er lacht, ein matschiger Kuss
landet auf meiner Nasenspitze.
Dann sagt er: „Liebling, es ist ein Gefühl,
es lässt sich nicht definieren.
Der Kuss tat mir gut, doch ich will keine Witze!
Er beginnt, mit verträumter Miene
ein Sonett zu rezitieren.

Ich bestehe darauf: „Was liebst du an mir?!"
„Alles, mein Schatz, das gesamte Paket
samt all deinen ulkigen Macken!
Ich bin kein Prophet, doch ich weiß, es hält an.
Diese Liebespartikeln in meinem Blut
vermehren sich wie Karnickel.
Nein, wie Mäuse, tausende winzige Mäuse!
Sie huschen durch meine Blutbahn,
um mir am Herzmuskel sachte zu zupfen."

„O nein! So kommst du nicht durch!
Vage Hinweise hinzutupfen,
um dann durch die großangelegten Maschen
ohne Erklärung hindurchzuschlupfen?!"

Mäuse? Karnickel?
Rauschendes Blut ist sicher seit jeher
ein verlässliches Liebesvehikel …

„Was liebst du an mir? Zurück zum Gesamtpaket!
Was war das noch mal? Du liebst meine Macken?
Aha! Meine Macken?!"
„Wieso Macken?
Ich liebe den himmlischen Duft
in deinem zerzausten Haar!"
Meint er dieses Gestrüpp,
das sich stets im Regen kräuselt?
Ein wahrlich himmlisches Nest
für seine tausend Mäuse!
„Ich lieb es, wenn du die flatternden Strähnen
in luftiger Geste zurückwirfst.
Dann muss ich den Hüftschwung
dringlich erwähnen …"

„Stopp! Nicht weiter! Zurück zu den Macken!"
Ich schlängle mich wendig aus seiner Umarmung,
öffne den Kühlschrank,
strecke die Hand nach dem Käse aus …
Er beginnt, mir etwas mit rauer Stimme
beschwörend ins Ohr zu raunen …

Nicht zu glauben! Ich halte zu meinem Erstaunen
den neulich vermissten,
dem Kühlschrank entnommenen Aschenbecher!
Ich greif nach der Milch,
ich wollte doch Kuchen backen!
Seine Finger wandern von meinem Nacken
mit verfestigtem Griff zu meinem Becken.

Das meint er! Ich bin wie ein streunendes Huhn –
hoffnungslos kopflos, zerstreut!
Ich steck meinen roten, dampfenden Kopf
in den Kühlschrank, nein,
ins Eis zum geschnetzelten Kalb.

Die Nachbarin links trillert „Figaro",
wenn sie den Kuchenteig walkt.
Vergiss den Kuchen, den Käse, das Kalb,
du bist geliefert!
Einen Habicht, der keine Peinlichkeit scheut,
kannst du nicht mal inmitten banaler Routine
bei seinem Angriff stoppen!
Unser Nachbar rechts greift zur Gitarre
und beginnt bei offenem Fenster zu rocken.

Ich wollte doch nur ein Gespräch!
Eine Frage nach den Fassetten der Liebe
erfordert doch meines Erachtens
zumindest den Anschein von Pietät!

Neulich wurde das gleiche Gespräch
durch den Handwerker unterbrochen.
Der fragte mich:
„Wo ist die Fernsehanschlussdose?"
Ich versuchte es, meines Erachtens, ganz schlau
mit einer geschickten Gegenfrage:
„Wo ist sie denn sonst erfahrungsgemäß?"

Ich stand mit der Liebesbefragung im Kopf
gerade mal auf dem Schlauch.
Mein Liebster raunte mir schalkhaft ins Ohr:
„Erfahrungsgemäß?"
Da spürte ich schon, Habichtkrallen
wandern inmitten des Büchsenaustauschs
gefährlich nah an mein Gesäß.

Da gibt es, weiß Gott, nichts zu machen!
Ich hätte so gerne gewusst, welche Macken …
Müssen die tausend elenden Mäuse
ihm dauernd so heftig am Muskel zupfen?!
Sie kommen mir jedes Mal in die Quere!
Ich beschloss, ich erteile dem Mäusepack
eine wirksame, unvergessliche Lehre!
Ja, mein Liebster, ich glaube, ich habe mit dir
ein zu Eis gefrorenes Hühnchen zu rupfen!

Ein Mittagspausenflirt

Hallo, mein Schatz! Wo steckst du?

Ich genieße die wohlverdiente Pause,
sonst würde ich wie ein Perpetuum mobile
immerfort weiter rotieren.
Beim Agieren in meiner Männerdomäne
dachte ich mir,
es wäre doch nett, mal abseits,
in einem Café um die Ecke
meine Frau beim Telefonflirt zu hofieren.

Der Wirt hat Geschmack,
ich liebe das Bläken des Saxophons!
Am liebsten wär mir ein Schäkern mit dir
bei einem Glas Wein am Telefon.
Leider gehst du nicht ran,
so bekommst du die Botschaft schriftlich.
Nimm sie ernst und erachte sie bitte
für äußerst wichtig!

Dir ging's doch neulich
um deine entzückenden Macken?
Die stehen auf meinem persönlichen
Macken-Schutz-Plan.
Die bestehen zum Glück,
und du pflegst sie, Gottlob, mit Esprit und Elan!

Ich erlasse hiermit das Verbot,
sie im Rahmen der Perfektionierung,
etwa durchs Meditieren, durchs Exerzieren
lieblos und schmählich auszurangieren!
Ich verpflichte dich, Liebste,
mit sofortiger Wirkung
sie für mich zu hegen und zu kultivieren!

Deine goldigen Schrullen
sind kostbarer Glitzerstaub
auf meinen durch Stress angetriebenen Alltag,
ein Schluck Nektar
für so zwischendurch zur Erfrischung,
wenn das Leben mich zwingt,
ein paar helle Kometen fürs Allgemeinwohl
aus dem All zu fischen.
Wie sollte ich sie ohne Inspiration
am leuchtenden Schweif erwischen?

Bin ich restlos erschöpft, besorgt, abgerackert
und laufe Gefahr,
mir beim Rauchen den Schlips abzufackeln,
sehe ich dich, mein Engel, ein Mango-Eis schlecken
und weiß: Das ist meine Lieblingsmacke!
Ich finde es köstlich,
wie du mit vor Wonne geschlossenen Augen
genüsslich dein Eisschlemmen zelebrierst,
als würden dich Merlins-Magic-Klänge
beim Reiki direkt ins Nirwana schwemmen.
Die Harfe meines Sonnengeflechts
entkrampft sich, beginnt zu vibrieren.

Du bist, mein Liebling, gerade dabei,
ein paar Faustregeln zu ignorieren.
Mich ergötzt dein niedlich erstauntes Gesicht:
Wie schaff ich es nur beim Mango-Eis-Schlecken,
so meinen Lieblingsschal zu verkleckern?!
Das ist eine knallharte Tatsache, Schatz:
Beim ekstatischen Eisschlecken gibt es Flecken!
Weiter so! Ich genieß es, an deinem Kinn
bei Abwischküssen Mango zu schmecken!
Du darfst, meine Königin,
vor lauter Lust und Genuss
sogar meine Lieblingsjeans bekleckern!
Erschlag mich der Blitz,
sollt' ich je drüber meckern!

Es gehört mittlerweile zu meinen Hobbys,
nach vermissten Krawattennadeln
in Perlenschlangennestern zu graben.
Und finde ich lang gesuchte Socken
unter duften, mit Spitze besetzten Höschen,
schwillt mir die Brust an: „Heureka!"
Ich fühle mich gleich wie Archimedes
nach seiner berühmten Entdeckung.
Ich kann meine Freude mit dir nicht teilen,
ich bin meist spät dran und muss mich beeilen.
Ein luftiger Kuss auf die Nasenspitze
soll dich, Liebling, beileibe nicht wecken.
Du schlummerst noch lächelnd,
rollst auf mein Kissen,
beginnst dich genüsslich zu recken.

Hoch leben die Macken und Schönheitsflecken
auf der Karte der Perfektion!
Apropos, Karte. Speisekarte!
Es ist mir danach, zwecks Inspiration
dich heute Abend hierherzulocken.
Beim Italiener um drei Ecken
schmeckt auch das Eis himmlisch lecker!

Nach meiner Liebeserklärung an deine Macken,
erübrigt es sich, dass wir beide gemeinsam
das eisgefrorene Hühnchen rupfen.
Oh, ich höre mal wieder die Mäuschen trapsen
und spür sie an Harfensaiten zupfen!
Solltest du trotzdem darauf beharren,
darfst du zum Ausgleich all meine Socken
an zehn unbekannten Verstecken verscharren!

Abendessen um sieben beim Italiener?
(Hinter meiner Kanzlei, im Lokal an der Ecke)
Zum Nachtisch Mango-Eis schlecken?
Ich vermiss dich und sehn mich danach,
dich, mein Engel, weiter zu necken!

Die Pause ist um.
Ich hab bis zum Abend
ein paar Missstände aufzudecken,
ein paar Strategien auszuhecken,
ein paar Konzepte durchzuchecken.
Dazu bereiten mir ein paar Zahlen
noch einige Stunden Kopfzerbrechen.

Gelingt es mir nicht, ein Stück Welt zu retten,
vor allem die rot angemalten Zahlen,
bau ich auf deine heilsame Nähe –
mein Allheilmittel bei seelischen Qualen!

Nur drei Tage

Drei Tage sind wahrlich nicht mal ein Punkt
in der Schleife der Ewigkeit.
Du bist in drei Tagen schon wieder da,
doch mein Herz registriert aller Logik zum Trotz
im Klageton das Nichtvorhandensein
der warmen, flauschigen Aura der Seligkeit.

Gibt es Sauerstoffabfall?
Ist die Luft plötzlich seltsam erschlafft?
Ich habe nun mindestens dreimal
die gleiche Wäsche zusammengerafft.
Worauf warte ich noch? –
Die muss in die Waschmaschine!

Mein Glückspegel schmäht die Vernunft,
widersetzt sich den gängigen Regeln.
Zum Trost nimmt man eine Praline?
Die Süße wirkt doch dem Absturz
der Glückshormone entgegen?
Ich sage dazu nur: Von wegen!
Ich sitz nicht liebeskrank träumend
unter einem blühenden Baum.
Die Liebe ohne natürlichen Ausklang
fließt und dampft wie ein Fluss ohne Mündung
und hängt wie ein Smog im Raum.

Ich glaube inzwischen
an die Wechselverschiebung der Sinne.
Wenn die Lüfte zu knistern beginnen
und den Sauerstoff elektrisieren,
beginnen Antennen, die Rezeptoren Verliebter
ohne Vorwarnung unkontrolliert zu vibrieren.
Und das Opfer des Phänomens der Verschiebung
sagt dann: „O Gott, meine Sinne spinnen,
als würden sie „Bäumchen-wechsle-dich“ spielen.

Du kannst den Duft in der Luft schmecken,
ohne tagelang etwas zu essen.
Du ertastest das Stuckrelief an der Decke,
ohne dafür auf den Stuhl zu klettern,
und brauchst dich dabei nicht einmal zu strecken.
Bei der verrückten Gefühlspirouette
könnte man glatt vor sich selbst erschrecken!
Nein, es ist kein Delirium bei vierzig Grad Fieber!

Nein, das Spektakel der Sinne,
das Schnattern der Glieder
überrascht dich wieder und wieder.
Spielt der Zeiger der sichersten Schweizeruhr
auf einmal bei rasendem Puls verrückt,
schmelzen Grenzen zwischen den Welten,
man hängt zwischen Himmel und Erde
und fragt sich:
Komm ich je ohne Flügel und Fallschirm
auf meinen Planeten zurück?

Man erklärt sich, ohne zu zögern,
bereit, wenn's sein muss,
den Weltuntergang zu verschmerzen.
Ja, so ist es, auch in der Königsliga
pflegt man manchmal zu scherzen!
Ihre Hoheit Liebe mag Dramatik,
Liebeskummer, Gliederschmerzen,
bei Vollmond geflüsterte Shakespearesonette
im Schein der niederbrennenden Kerze.
Die Liebe gedeiht nur in edlen Gefilden,
sie ist wie Gold vom höchsten Karat -
für banalen Gebrauch zu empfindlich.

Oh, das klang irgendwie theoretisch …
Oder werde ich vor lauter Sehnsucht
letztendlich noch etwas pathetisch?

Ich ertappe mich wieder,
an deinem Kissen schnuppernd.
Ich träumte heut Nacht, du hast dort, wo du bist,
kaum noch Zeit, um dich glatt zu rasieren.
Dein Kinn in dem Traum war etwas ruppig,
als ich versuchte, den Gutenachtkuss
aus dem Duft deines Kissens zu manifestieren.

Das ist ein Gefühl und keine Fiktion,
auch das Piepsen der Waschmaschine
ist demnach keine Illusion.
Eine schlichte Schokopraline
ist angesichts meiner schwellenden Sehnsucht
nun wirklich keine Option!

Glaubst du auch insgeheim, Liebe
sei ein Ableger der Magie?
Wie wär's mit dem gängigen Spruch
über die Harmonie
der Schwingungen, der Elemente,
dem Einklang der Energie?
Ein gelungener Mix aus der goldenen Trickkiste
unserer altbewährten Chemie?

Drei Tage sind wahrlich nicht mal ein Punkt
in der Schleife der Ewigkeit.
Es fühlt sich jedoch ganz und gar nicht so an,
sondern eher wie eine Unendlichkeit.
Bald bist du da und bringst mir
den flauschigen Kokon zurück –
meine Schmusedecke der Seligkeit.

Ballade vom Fischer Joe

Irgendwo am steinigen Ufer
hört man die Möwen „Unheil" rufen:
„Hör nicht hin, Fischer Joe,
wenn sie nachts im Nebel singen!
Ihre sanften, liebkosenden Stimmen
lassen Klippen wie Glocken erklingen."

Was für ein Nebel, liebste Möwen?
Der Tag ist so sonnig wie nie!
Ihr warnt mich vor Unheil,
dann sagt mir doch, wie
soll ich mich ihrem Gesang entziehen?
Es stimmt, sie singt, ich hör ihre Stimme.
Ich hör sie für mich, Fischer Joe,
ihre sagenhaft schönen Lieder singen.
Es gibt sie nur einmal, meine Undine.
Sie wünscht mir aufrichtig gutes Gelingen!
Sie wünscht mir Glück und ein gutes Leben!

Schaut mal her, dieser Wind, dieser herrliche Wind
bläht meine alten, verschlissenen Segel.
Er erhebt sich und weht, wie gerufen,
als entstiege er diesen blaugrünen Wellen
wie ein Gruß mit ihrem persönlichen Segen!
Schaut doch her, liebe Möwen,
ich zieh volle Netze ins Boot.
Dem Meer seinen silbernen Schatz zu entnehmen,
ist doch richtig und gut, ist doch unser Gebot.

Wovor warnt ihr mich, Möwen? -
Ich bin nicht in Not!
Wieso ruft ihr mir zu, dass mir Unheil droht?
Wer denkt schon bei diesem azurblauen Himmel
an Sturm und drohenden Tod?

Wieso sollte ich umkehren? Fliehen?
Wovor und vor wem?
Ich bin doch dabei, ein prallvolles Netz
dankbar vom Meer entgegenzunehmen!
Ihr, liebe Möwen, ihr seid so besorgt,
doch solltet ihr mit der Schwarzmalerei
die Tatsachen nicht so willkürlich verdrehen!
„Hör nicht zu, wenn sie nachts im Nebel singen?!"

Es ist nicht Nacht, es gibt keinen Nebel.
Und es heißt mit Verlaub: „Wenn sie singt …"
Wenn sie, meine schöne, gütige Sängerin
nur für mich Tag für Tag ihre Lieder singt!
Wenn sie mir auch an windstillen Tagen
durch den Schlag mit der silbernen Flosse
einen Schatz vom Meeresgrund bringt
und die Fische in meine noch leeren,
von Rosi geflickten Netze winkt.

Die Möwen lassen sich nicht überzeugen,
er hört sie wieder vom steinigen Ufer rufen.
Wieso müssen die freundlichen Vögel,
gegen raue Winde fliegend,
sich auf schäumenden Wellen wiegend,
die Kraft ihrer Stimmen vergeuden?

„Nein, Fischer Joe, du irrst dich!
Sie ist schön, ein Fabelgeschöpf, eine Meeresgöttin!
Ihr Gesang ist zu schön, um heilsam zu sein!
Du willst es nicht glauben, du willst es nicht hören,
ihre klangvolle Stimme ist für dein Herz
wie der dröhnende Ruf der Tiefe verheerend!

Sie singt von Sehnsucht und Wehmut,
einsamen, langen Nächten
auf dem Grund mondbeschienener Meere.
Sie singt von Fernweh und dunklen Träumen,
von versunkenen Schiffen
mit verschollenen, sagenumwobenen Schätzen.
Sie besingt die kalte, funkelnde Schönheit
der mit Juwelen bestückten Paläste.
Ihr Gesang ist zu schön, um heilsam zu sein!
Ihre Stimme liebkost dich,
verzaubert dich, lullt dich ein."

Lieber Gott! Joe verstand beinah Wort für Wort
die warnende Botschaft der Möwen!
Er war ihnen keinesfalls böse,
sie rangen mit Winden, um ihn, Fischer Joe,
von einem vermutlichen Bann zu erlösen.
Wie dem auch sei, er nahm sie beim Wort
und warf seine Vorsätze über Bord.
Er blickte zum Himmel und sah ihn,
von dunkelnden Wolken bedeckt.
Es kam ihm vor, als hätten die Möwen
ihn aus dem schönsten Traum geweckt.

Die immer düsterer werdende Wolkendecke
hat sich inzwischen bis zu den Klippen
übers endlose Grau des Himmels erstreckt.
Joe kehrte um, war gerade dabei,
sein schaukelndes Boot zu wenden,
da hörte er plötzlich die Stimme ganz nah,
blickte auf und sah sie - die schöne Undine
in ihrer vollendeten Pracht.

Sie tauchte geschmeidig wie ein Delfin
aus den schäumenden Wellen empor.
Er würde niemals vergessen, was er empfand,
als sie leibhaftig vor seinen Augen erschien!

Er rang um Atem, geblendet von ihrer Schönheit,
rang ums Bestehen seiner fünf Sinne,
um dem Zauber smaragdgrüner Augen
mit restlicher Willenskraft zu widerstehen.
Wie sollte er sonst, falls er das überlebte,
diese sagenhaft prachtvolle Fabelgestalt
seinen künftigen Kindern in Liedern besingen?
Jetzt hieß es, mit Winden ums Leben ringen!

Sein Herz rumorte, pochte gegen das Schicksal an.
So wild und verzweifelt flattern die Möwen,
wenn sie, sich im Netz verfangen,
durch kräftigen Flügelschlag Reusen zerreißen,
um ihre Freiheit zurückzuerlangen.

Er spürte mit jeder einzelnen Faser:
Es gab keine Zeit zu verschwenden!

Er musste fliehen, bevor sich das Meer
gegen seine Bestimmung verschwor,
bevor seine Glieder versagten
und er den Verstand verlor.

Er sagte ihr: „Danke, Undine,
für die Fische und für den Gesang!"
Dann schloss er die Augen,
hielt sich die Ohren zu und floh.

Später staunte er,
dass es ihm wie durch ein Wunder gelang,
sich der Magie
ihres Ehrfurcht gebietenden Anblicks,
dem erhabenen Klang des Sirenengesangs,
dem hehren und schaurig schönen Erlebnis
einer wahrgewordenen Fischerlegende,
am Rande der Wahrnehmungskraft zu entziehen.
Wie schaffte er's nur, in dem winzigen Boot
dem Sturm, der schäumenden See zu entfliehen?

Die Möwen! Wo waren sie nur?
Wo waren die freundlichen Vögel,
die ihm zuriefen: „Flieh, Fischer Joe,
du bist in Gefahr!
Reiß dich am Riemen, um Leine zu ziehen!"
Er war betrübt, denn er sah
ringsherum nichts als Wasser,
den Schaum
der von Winden gepeitschten Wellen
und darüber nur zackige Lichter im Himmel.

War es ihnen gelungen, dem Sturm zu entfliehen,
ihm unversehrt, heil davonzuziehen?
Wie wahr! Es gab einen Nebel,
er floh vor dem Sturm
und entkam nur ganz knapp der Gefahr.
Alles, wovor ihn die Möwen warnten,
kam, wurde wahr und geschah.

Und wie recht sie doch hatten: Sie singen!
Ihre sanften, liebkosenden Stimmen
lassen Klippen wie Glocken erklingen.

Er fragte sich nun auf dem Rückweg:
Wollte sie seinen Tod?
Wieso sollte sie sonst
ihn ins wahre Verderbnis locken?
Er war doch nur Joe, fing Fische und hatte
nur sein Häuschen und dieses verwitterte Boot!
Und nun?
Er musste mit stürmenden Winden ringen,
erlag beinah einer dunklen Verlockung,
ihm versagten beinahe die Sinne!

Wird sie je noch für ihn
ihre herrlichen Lieder singen?
Oder musste er nun ohne sie
den Rest seines Lebens verbringen?
Ohne Beistand beim Fischfang,
ohne ihren Gesang?

Er vernahm im Kopf eine leise Stimme.
Sie fragte ihn: Glaubtest du wirklich,
das schönste Geschöpf unter weitem Himmel
könnte dein, Fischer Joes, unbedarftes Gemüt
und dein schlichtes, argloses Herz begehren?
Und würdest du wirklich
nach all diesen Schrecken
ihre Sehnsucht beschwörende Stimme entbehren?
Alles war doch so klar und so wundersam schön!
Warum wollte sie ihn nur bekehren?!
Er war nun mal das, was er war –
der genügsame, tüchtige Fischer Joe!

Er dachte an Rosi, sein Herzblatt,
das reizende Mädchen von nebenan.
Sein Glück war griffig, beständig und stimmig
wie ein saftiger Apfel vom Baum.
Heutzutage würde man sagen,
Joe mochte's intakt und kompakt.

Wie dem auch sei, diese klare Vision seines Glücks
brachte ihn auf turmhohen Wogen
der von Winden gepeitschten, schäumenden See
heim, in sein Leben zurück!

Als er endlich den sicheren Boden betrat,
kam sie ihm eilig entgegen
und schmiegte ihr regennasses Gesicht
an seine vor Aufregung wogende Brust.

Die klare, würzige Sommerluft,
ihr nach Honig und Thymian duftendes Haar!
Da wusste man, wer man eigentlich ist
und wer man schon immer war!

Das war sein Leben! Sein pralles, knackiges Glück!
Auf die beschaulichen Bilder,
auf Rosis Locken an seiner Brust,
auf das süße Versprechen
in ihrem nach Waldbeeren schmeckenden Kuss
hatte Joe ohne jeglichen Zweifel
große, sehr große Lust!

Wahre Liebe?

Wenn sich im Paarungstanz
die Maßstäbe verschieben,
wenn sich die Lippen aneinander schmiegen
und sich beim Kernschmelzkuss die Balken biegen,
ist – ups! - der Schmalz im Tiegel.
Und auf dem Aufkleber steht groß geschrieben :
„Wahre Liebe".
Von dieser Sehnsucht
nach dem Honigguss getrieben,
glaubt man,
das Fieber im Gehirn und in den Gliedern
kann gar nichts andres sein als Liebe.

Sie ist die Heldin aller Dramen und Sonette,
sie lässt auf Bühnen ihre Marionetten
im Liebeskummer gegen Götter wettern,
sie lässt im Tränenfluss die Herzen schmelzen
und ist nicht aufgelegt zum Scherzen,
wenn uns vor lauter Liebe morgens
der Kopf zerbirst und alle Glieder schmerzen.

Auch die,
die sich vermeintlich nie zu ihr bekennen,
beteiligen sich heimlich an dem großen Rennen
und zappeln in dem Bann mit allen Sinnen.
Sie fließt gewaltig durch das Herz
und pocht im tiefsten Innern.

Clown-Trilogie

Clown in Liebe

Ich trage meine Maske ab
und wisch die Müdigkeit von meinen Zügen.
Ich seh in dem Quadrat
des blank polierten Spiegels
mein noch erhitztes, glückliches Gesicht.

Die Lichter gehen aus,
nur ich steh da,
umgeben von der spröden Stille,
in der das Echo längst verstummter Stimmen
noch nicht verklingen will.
Nur du, Arena, du allein
kannst mir mit Leichtigkeit die Sinne rauben.
Im Klangbild deiner Aura
glaub ich beinah,
ich wär allmächtig wie ein Magier
und könnte nur durch Wimpernzucken zaubern.

Mein Herz gehorcht dir und mein eigen Blut! -
Dein Puls beschleunigt meinen Herzschlag!
Ich höre dich auch dann,
wenn du erschöpft vom Trubel ruhst,
inmitten virtueller Bilder.
Ich würde als Phantom der Illusion
ohne den Zauber der Vision
im Ödland außerhalb des Zirkus'
in trister Einsamkeit verwildern.

Ich bin dein Ritter und dein Knecht,
ein Funke deiner Wunder.
In deinem Bann glaub ich beinah,
ich wär unsterblich, unverwundbar.

Ich liebe dich, Arena, wenn du schläfst
und deine Träume sachte vor dir hinwiegst.
Die noch erhitzte Luft kühlt ab
und legt sich wie ein warmes Tuch auf leere Sitze.
Der Jubel, die Begeisterung
für die Magie des Augenblicks
beschwingt die Luft, die ich so dankbar atme.

Ich atme diesen Duft in salbungsvollen Wogen ein
und weiß wie nie zuvor, was mich bewogen hat,
mich so bedingungslos dir zu verschreiben.

Clown in Not

Ich trage meine Maske ab
und wisch die Fröhlichkeit von meinen Zügen.
Ich sehe im Quadrat des angehauchten Spiegels
mein müdes, trauriges Gesicht.
Wer nimmt mir
in dem Augenblick der Wahrheit ab,
ich sei der Inbegriff der Heiterkeit.
In der Manege würde mein entblößtes „Ich"
als Clown kläglich scheitern.

Bestimmung oder Irrweg?
Klingt das Dilemma nicht nach Hamlet?
Wär ich King Lear,
so müsste ich das gar nicht fragen.
Als Nachfolger der königlichen Narren
mit Anrecht auf gelachte Wahrheit
würde ich gern für euch die Narrenkappe tragen.
Mit einem Schatz getarnter Wahrheit
in einer bunten Narrenkappe
wär ich zurecht der Ritter
ohne Schwert und Wappen.
Als Würdenträger eines Urrechts auf Enthüllung
fände mein Geist in seinem Teufelskreis
den Sinn und die Erfüllung.

Seid ihr bereit für einen Griff
in das Geweih der Dornenkrone,
ohne zu kneifen, ohne euch zu schonen?

Die Freiheit liegt da mittendrin,
doch ist ein Lachen durch die Tränen
in der Manege nicht mal „in".
Deshalb vergebt mir meine Dreistigkeit,
euch diesen Abklatsch einer Heiterkeit
für euer schwer verdientes Geld zu bieten.
Das Radwerk eines Glücksroulettes
ist dick bespickt mit Nieten.
Es steht mir deshalb gar nicht zu,
euch schnöde zu verachten.
Noch weniger steht es mir zu,
nach eurer Gunst zu trachten.

Gefangen im Kreis der Riesenmanege,
geblendet von gnadenlos weißen Lichtern,
gestichelt von Blicken, umringt von Gesichtern,
reiße ich Possen und klopf meine Witze.

Ich bin der Inbegriff der Fröhlichkeit,
das immer lachende Gesicht.
Und wenn's mir nicht gelingt, euch zu erheitern,
geh ich mit mir am strengsten ins Gericht.
Ihr buht mich aus?
Ihr seid noch gar kein bisschen heiter?
Dann krabbelt gern auf meinen Buckel -
auf einem Esel darf man reiten!

Wir lachen, weil das Lachen so gesund sein soll!
Weil diese Welt verwundbar ist
und alles, was uns widerfährt,
nur so verwunden wird!

Ich lach, weil's meine Pflicht ist laut zu lachen.
Ich liefere euch Heiterkeit auf dem Tablett
und leg die eingeübten Lacher
je nach Bestellung aufs Parkett.

Dann trage ich zur späten Stunde,
das lästige Geschmier der Maske ab,
befrei aus dem Korsett des Lachens
mein müdes, trauriges Gesicht
und rezitiere bei dem milden Kerzenlicht
die Verse über Schuld, Verlust und Rache.

Mein Hund hört mir andächtig zu
und hält an der Türschwelle Wache.
Ich lausch dem Klang der eignen Stimme
in der tröstlich heilsamen, nächtlichen Stille.
Ich hör mich erhabene Worte sagen
und vergebe mir alles - jedes Versagen.

Ich bin für euch da! Bitte lacht!
Lacht euch weg -
von Pannen, Verdruss und Pech!
Lacht euch satt, lacht euch schief -
ein Lacher vertreibt wie ein Luftzug Mief.

Lacht euch rund und gesund -
ein herzhafter Lacher reinigt die Lunge,
entkrampft ein gepeinigtes Herz,
als hättet ihr täglich mehrere Stunden
joggend gesungen und tanzend gescherzt.
(O je! Die Vorstellung schmerzt!)

Das ist die Botschaft laut Vertrag,
überbracht vom lachenden Boten.
Ich würde euch sagen, was ich nicht sag,
wäre das nicht verboten.

Der Sturz des Clowns

Sonnenfinsternis 2020

Arena, mein Schicksal, mein Leben, mein Fluch,
ich komm, wenn du strahlst und mich rufst!

Ich bin der Nachfolger der königlichen Narren!
Habt ihr im Keller eine Kummerleiche,
kommt her, ich werde sie verscharren!

Zuckt nicht zusammen, gleich tut's weh!
Gleich kommt ein Tipp von Übersee
zur Sonnenfinsternis der Inflation:
Desinfektion per Injektion
zur Ausrottung der Vireninfektion!
Nur eine Spritze und ihr braucht kein Geld
da, wo ihr landet – in der Jenseitswelt!
Desinfektion als Spritze?!
Über so manchen königlichen Spruch
ist es fast frevelhaft zu witzeln!
Wascht, Kinder, mit dem Mittel eure Hände.
Als Spritze bitte nicht verwenden!

Autsch! Vorhang!
Doch gibt es keinen Vorhang.
Und keine Aussicht auf Flucht.
Ein Mädchen beginnt zu weinen.
Ihr Vater flucht.

Im Kreis,
geblendet von Lichtern,
niedergestichelt von bösen Blicken,
liege ich bäuchlings auf kalten Brettern,
beklatscht mit Eiern und Tomaten.
Wieso ist das Urteil so niederschmetternd?
Was soll aus mir werden? –
Ein Gemüse-Omelett auf Braten?

Haut, Kinder, Eier in die Pfanne.
Bekommt das Spiegelei goldene Ränder,
ist die Zubereitung beendet!
Eier, Tomaten als Waffe
bitte nicht verwenden!

In meinen Ohren surrt ein Ventilator.
Ich weiß auch im Eiermatsch, wer ich bin -
ein gestürzter Gladiator!
Jemand flüstert. „Der Ärmste dreht durch."
Ich entgegne: „Nein, ich kenn keine Furcht!"

Frühjahr 2020

Corona-Variationen

Karma contra Fortuna

„Gleiches zieht Gleiches an"

Fortuna hat wahrlich schrägen Humor.
Man findet nur das, was man gar nicht verlor,
nie vermisste und niemals besaß.
Man darf sich nur an etwas erinnern,
das man, ohne's zu wissen, vergaß.

Ein Krösus gewinnt im Lotto
und wird immer reicher,
ein armer Schlucker hat auch ein Motto,
doch er wird sein Ziel nie erreichen.
Einer strotzt vor Erfolg, schwelgt in Wonne
und schöpft mit Eimern Himmelsgaben.
Ein Pechvogel träumt von ein bisschen Glück,
doch ihn picken sogar beim Pinkeln die Raben.

Was soll das, Fortuna? - Du pochst auf Einklang
in einer Welt voller Missklang und Dissonanz?
Wie gelangen Äpfel und Birnen
dir zufolge zur Resonanz?
Man kreuze den Apfel mit einer Birne
zu einer Apfel-Birnen-Frequenz?
Mein armer Trottel steigt ins Kanu
und erklimmt in der Schale die höchste Welle ...

Erklären die Welt und vor allem du
ihn im Nu zum wahren Helden?
Apropos, auch Tollkühne fürchten ums Leben,
wenn unter dem Hintern die Felsen beben.
In dieser Hinsicht sind alle gleich -
auch Helden landen wie unsereiner
beim Aufprall am liebsten weich.

Dein Konzept ist, liebe Fortuna,
sittenwidrig, weltfremd, verkehrt.
Wie willst du mit deinen Flausen
die ganze Welt vom Unrat entlausen?
Wir bieten dir unser bewährtes Rezept,
das karmakonform Gerechtigkeit lehrt.
Die Regel besagt in Dreier-Sequenz:
Wer frevelt, kneift und versagt,
trägt zurecht die Schuld samt der Konsequenz.
Beklagt man im Schmollwinkel grollend die Not
und glaubt, langer Atem sei höchstes Gebot,
sieht man bei Gegenwind schwarz oder rot
und schmiert sein Versagen
dem Nachbarn aufs Brot,
driftet man blind im löchrigen Boot
ohne Gewähr ins offene Meer.

Fortuna contra Corona

Die Pflegerin trabt wie vom Teufel geritten
bebend vor Schreck durch die Gegend und ruft:
„Fiebersenkende Mittel!"

Der Arzt hört den Schrei und brüllt zurück:
„Hört endlich auf, mich darum zu bitten,
sonst werde ich glatt verrückt!"
Der Corona-Patient mit erschlafften Gliedern,
mit stockendem Atem und 40 Grad Fieber
frohlockt im Delirium:
„Alles ist gut! Hoch lebe Corona!
Ich gewann dein Herz am fünfzehnten März
in der herrlichen Stadt Verona!"

Fortuna, der Romeo sieht
mit geschlossenen Augen Juliettas Gesicht!
Sein Gemüt ist verklärt, sein Antlitz ist licht,
seine Welt ist ein bestens gereimtes Gedicht.

Die Schwester erbebt
und erstarrt zur gleichen Zeit,
beschwört händeringend den Himmel.
Der arme Teufel, sie selbst und die Welt
tun ihr herzzerreißend, unendlich leid.
Zurück zum Patienten, alle bangen
um seine Verfassung und die Konsequenz,
währenddessen erreicht seine Schwingung
die Frequenz eines edlen Juwels reinsten Wassers.
Was sagst du, Fortuna, verdient diese Wonne
-„Zwei Herzen im März in Verona"-
nach deinem Maßstab mit Anspruch auf Reim
den Bonus - den goldenen Schein deiner Krone?

Da unten baut jemand auf dich
im schummrigen, tristen Licht
einer ratlosen, schlummernden Welt.
Was nun, Fortuna, was wirst du tun?
Der Ball liegt in deinem Feld!
Kullert er prompt, mit Glück gespickt,
zurück - zu Romeos Füßen?
Mit Zuckerguss und Autogramm:
„Fortuna - Mit freundlichen Grüßen"?

So gesehen, müsste ein Wunder geschehen ...
Ein germanischer Einstein erschafft über Nacht
bei grollendem Frühlingsgewitter
den weltweit begehrtesten Impfstoff
samt dem rettenden Wundermittel,
und die Welt erwacht aus dem Dornröschenschlaf.

Ein kühner germanischer Ritter
ist durch dunkelnde Wälder geritten.
Ein Blitz oder himmlischer Pfeil
schlug ein, hat den Weg
zu der Burg abgeschnitten.
Ein Ast einer stürzenden Eiche
traf den Ritter direkt an der Stirn,
brach den Bann einer teuflischen Macht,
es war eine Weile mucksmäuschenstill,
bis etwas geschah.
Jemand fragte: „Wie heißt du, mein Sohn?"
Er antwortete: „Fritz."

Zur gleichen Zeit, nur Jahrhunderte später
ereilte ein Blitz seinen Ur-Ur-Vetter.
Die Tropfen sind heilsam, nur etwas bitter.
Elisabeth schlug am nächsten Morgen
den Retter zum Ritter.
Sie sagte: „Du brachst über Nacht
die Macht der Corona.
Du rettest, mein Sohn, die Welt und die Krone!"

Das nennt man, Fortuna,
nach deiner Fasson *Resonanz*.
Du errichtest ätherische, goldene Brücken,
wir halten sie für Firlefanz.
Du baust auf Magie, wir bevorzugen Philosophie.

Wir schaffen das, sagte einst „Mutti",
die Patronin der deutschen Nation.
Und der stämmige Deutsche hat es geschafft!
So ein lumpiges Virus wälzt uns nicht platt!
Wir kriegen es irgendwie solidarisch
auf der letzten Strecke schachmatt!
Gib uns ebenen Boden unter den Füßen,
schick uns Glück mit freundlichen Grüßen,
und wir tun es, versprochen, wir tun es, Fortuna!

Geisterstadt

Straßenprediger steigen auf Fässer
und beschwören das letzte Licht.
In der Götterdämmerungsstille
klingen ihre prophetischen Stimmen

wie eine im Chor verlautete Anklageschrift
vor dem Thron antiker Götter,
wie das letzte Gebet vor dem Jüngsten Gericht.

Jemand schrak auf, vom wandernden Pfeil ereilt,
verspürte den Stich ganz tief in der Brust
und sah, noch bevor es geschah,
etwas Großes erwuchs aus der Luft.
Noch nie war der Himmel so strahlend und nah,
als ein kreisender Greif nach ihm griff.
Im See seiner bernsteinfarbenen Augen
erblickte er nun sein letztes Gesicht,
bevor es ihm wie eine Wolke
im Dunst blauer Lichter entwich.

Nein, die Lichter,
die da aus der Straßenschlucht schlüpfen,
sind kein streunendes Irrlicht,
das aufflackert, blinkt und entschwindet,
sich hinter den Häuserfassaden verflüchtigt.
Kein Dämon entstieg der Geisterdomäne
und hält den Planeten im Bann.
Die Erde dreht unversehrt ihre Runden,
die Welt zählt im stockenden Herztakt Sekunden,
hält inne und lauscht, wie die Zeit vergeht,
wie die Erde sich mühsam, krächzend
um die eigene Achse dreht.

Maske contra Corona

Die biestigen Bällchen mit rot-braunen Streuseln
erschrecken Kinder in ihren Träumen.
Wovor habt ihr, Kinder, denn solch eine Angst?
Der Medienschlager – gefürchtet, verteufelt,
hübsch gekräuselt und freundlich beleuchtet -
entpuppt sich als Gräuel, als wahre Plage!
Sie wagen es, uns tagsüber zu scheuchen,
um Kinder nachts aus den Betten zu jagen.

Die niedlichen Kringel sind lästig wie Schimmel.
Schlaf, wir werden sie kriegen und schlagen!
Schlaf und zähl deine hundert Schafe
und denk, bitte denk immerfort an die Maske.
Sie ist auch im Schlaf, ob du spielst oder rastest,
vom guten Doktor verordnete Pflicht.
Versprich, dass du sie, obwohl du sie hasst,
liebgewinnst und niemals vergisst!

Sie sind immer da, sie sind überall,
und hüpfen herum wie ein Ball.
Sie kreisen dich ein wie beim Raubüberfall.
Wenn du eins davon schluckst,
macht es Riesenkrawall.

Du bist groß und stark, sie sind winzig klein.
Stell dir vor, so ein Riese atmet dich ein,
das würdest du sicher nicht mögen.
Dann wäre der Riese jemand wie du
und du wärst der kleine Blöde.

Achte auf Fallstricke, tückische Fallen:
Gefährliche Dinge bewahren den Schein,
klein und ganz harmlos zu sein.
Du trägst eine Maske und atmest flach ein
und winkst die als Streusel getarnte Biester
mit freundlichem Lächeln vorbei.

Die Maske ist kein Maulkorb!
Die Maske ist dein Schutz!
Jetzt schmatz mir auf die Wange
steril einen Gute-Nacht-Kuss.
Schlaf und zähle brav im Schlaf
niedliche, zahme Schafe.

Er in der Quarantäne

Meine Frau sagt, ich sei ein Nihilist.
Ich bin auf der Hut und durchschaue die List.
Ich sag: „Du wolltest doch diesen rot-braunen Hut.
Ich sage dazu, meine Liebste, gut!"
Sie seufzt und versprüht eine Menge Viren,
doch sie hört nicht mehr auf umherzuschwirren.
Und das macht mich logischerweise kirre.
Dann holt sie aus einer verrosteten Kiste
ein verbogenes Ding und hält es mir hin.
Was soll das, sie weiß doch,
dass ich kein Experte bin!

Ich soll es erkennen? Mich dazu bekennen?
Und wenn ich's nicht schaff, in der Hölle brennen?
Ich sage ganz vorsichtig: „Das ist ein Ring.
Ein Ring, und er ist aus Kupfer. "
Ihr Gesicht ist ganz düster, sie flüstert:
„Dann hab ich mit dir
noch ein Hühnchen zu rupfen!"

Um Gottes Willen! Was soll ich denn diesmal
bekennen, gestehen, bereuen?
Ich huste verlegen,
um auch ein paar Viren zu streuen.
Ich hasse die Lehrmeistermiene
mit erhobenem Zeigefinger.
Sie zeigt auf den alten Hocker.
Ich sag: „Ich bekenne mich schuldig,
ich kenne nicht all deine Ringe."

„Jetzt wirst du mir auch noch ironisch!“
Sie schluchzt und stöhnt,
plumpst erschöpft auf den Hocker.
„Als du mir diesen Ring geschenkt hast,
da liebtest du mich … nicht rein platonisch!“

Der Hocker kracht ächzend zusammen.
Ich könnte mir selbst eine scheuern,
jetzt habe ich tatsächlich was zu bereuen
und gehe sehr hart mit mir ins Gericht.
Hätte ich ihr auf Anhieb gehorcht,
so hätte der Hocker von meinem Gewicht
sicher keinen Schaden genommen.
Nun hat meine beste Hälfte beim Sturz
bestimmt einen Bluterguss abbekommen.

„Nicht weinen, ich weiß – die Verlobung!“
Ich werde ihr sonst was geloben!
Ich geh aus der Hocke flott auf die Knie
und steck ihr den albernen Kupferkringel
mit matschigem Schmalz an den kleinsten Finger.
Beim letzten Kuss auf die Fingerspitze
heult sie, ich höre nicht auf zu schwitzen.
Soll ich mir etwa an den Arm
ein durchbohrtes Herzchen ritzen?

Und während ich feierlich weiterküsse,
erscheint mir das Bild dufter Federkissen.
Das hätte ich Esel gleich wissen müssen!
Ich flüstere: „Schnucki! Ich hab's!“

„Das Virus verbreitet sich über die Luft …"
Wir beenden im Chor: „Über Atemwege."
Ich finde den Einfall nicht mal so schlecht.
Ich grinse verwegen, sie lächelt verlegen:
„Und nicht … nicht übers Geschlecht!"

Sie in der Quarantäne

Komm her! Nein, geh weg!
Dich kümmert mein Wunsch einen Dreck!
Ich sagte dir neulich, ich sterbe
für diesen prächtigen Schuh.
Du hörtest das Stichwort und sagtest:
Die Zahl der Corona-Opfer nimmt zu.

Ich seufze, verdrück eine Träne:
Auf dem Bildschirm flimmert ein Kuss.
Du brätst dir Eier, es riecht nach Speck.
Eine lyrische Anwandlung wär jetzt ein „Muss".
Komm her und pfeif auf die Eier,
oder geh für immer weg!

Wie kriegen wir all dieses Zeug auf die Reihe?
Ich gebe auf Schwarzmalerei einen Dreck,
er erstarrt beim „Corona-Ticker" vor Schreck.
Ich stürz mich auf ihn, beginn ihn zu kitzeln,
versuch ihn von seiner Phobie abzulenken,
verschobene Maßstäbe einzurenken.
„Hör auf wie ein Kleinkind herumzualbern!
Die Welt versinkt im Gram."

Du, Esel, erzählst mir von Weltschmerz und Gram.
Das winzige Ding treibt mich schier in den Wahn!
Das Miststück prescht vor ohne jegliche Scham,
beansprucht Vorrang und drängt sich dazwischen,
sät Zwietracht und legt meine Ehe lahm!

Ich heule, er fragt: "Was ist los, mein Liebling?"
Ich schreie: „Ich habe Aaaangst!"
„Wovor, mein Schatz?"
„Vor dem Biest auf „C"!
Vor dem schrecklichen, schleichenden Tooood!"

Nenn es Eingebung, weibliche Intuition.
Meine Wangen glühen und sind ganz rot.
Ich verwirkliche plötzlich meine Vision:
Mein Kopf liegt in seinem Schoß,
sein Kuss ist süß wie Honig mit Rahm.
Er sieht nur mich, lindert meinen Gram.
Ich verschließe den siegesbewussten Schrei
ganz tief in meiner Brust.

Er redet beschwichtigend auf mich ein.
Seine Stimme liebkost mein Ohr
wie köstliche Panflötenmelodie.
Auch die Vögelchen singen im Chor,
inspiriert von unserer Harmonie.

Ich grinse, versetze dem Biest auf „C"
den tödlichen Stoß per Telepathie:
Jetzt hab ich dich, scheußliches Ding, am Haken!
Um das zu erkennen, benötigst du kein Orakel.
Seine echte und meine vermeintliche Furcht
prunken schmuck auf dem gleichen Nenner.
Ich hänge ganz lahm auf seinem Arm,
er trägt mich behutsam voran. Wohin?
Das möchtest du wissen?!
Das geht dich, du „C", gar nichts an!

Falsch gewickelt

Praxis Dr. Brigg

Freud lässt grüßen

„Es war wundervoll, herrlich, unglaublich nett",
sagte er, als er ging, sie für immer verließ.
Sein lauwarmes Lächeln ergab den Rest,
hat ihr das Blau vom Himmel vermiest.
Sie wusch sich halbherzig, aß ihren Grieß
und trottete traurig zu Bett.
Sie hoffte vergeblich, der Schlaf bringt Erlösung
und macht ihren Kummer wett.

Etwas zerbrach irgendwo in der Welt,
im Herzen oder im All.
Das macht nichts, die Welt ist vergänglich.
Kopf hoch und bleibe am Ball!
Es brannte, man roch den Rauch,
jemand sprang von der Brücke
und tauchte nicht auf.
Das macht nichts,
denn alles geht mal in die Brüche.
Und alles ist so, wie es ist.
Egal, was du willst, egal, wer du bist,
deine Decke bekommt irgendwann einen Riss.

Was wird aus dem Kummer,
dem Leid und dem Pech,
wenn gar nichts so ist, wie's hätte zu sein?
Wird alles verstaut und kommt in den Schrein?

„Falsch!", sagte Freud. „Es wird nicht verstaut!"
Pech ist kein Bier und wird nicht gebraut.

Es wird dekliniert und verbalisiert.
Pein ist kein Wein und darf nicht gären,
man muss ihr Zeit und Raum gewähren,
bevor man sie Silbe für Silbe seziert,
und dann zum seelischen Müll deklariert.

Groll sprengt geballt jeden Schrein,
denn er ist nun mal sehr explosiv.
Es wäre komplett destruktiv,
nicht zu toben und wortreich zu poltern.
Egal, wie man's eigentlich haben wollte,
es wird so sein, wie's nicht hätte zu sein.
Das Herz ist für Groll kein geeigneter Schrein.
Der Bauch ist kein Sparschwein für Wut.
Sie entwickelt im Magen sengende Glut.
Verdrängt man den Frust,
hat man bald keine Lust,
über Gut und Böse zu scherzen,
denn hier und da beginnt es zu zwicken
und etwas fängt an zu schmerzen.

Hallo! - Der gute Freud lässt grüßen.
Ihr dürft alle poltern und heulen,
denn das, was ihr sicher nicht wollt,
sind seelische Beulen -
ein Spuk, der im Leib rumort.
Keine Sorge, ihr macht es richtig,
das Zwicken im Unterbauch ist kein Tumor.
Bleibt gesund und tobt mit Humor!

Er sagte dir: „Tschüss, es war nett?!"
Gepolsterter Handschuh und seine Visage
auf rot umrandetem Brett!
Grießpudding passt,
das Bett als Versteck
ist keine Option, daher schlecht.
Alles ist gut, was euch erfreut!

Mit besten Wünschen und freundlichem Gruß –
Freud.

Ich und mein Alter Ego

Ich ringe beim Abschied nach richtigen Worten,
man holt mich zur falschen Zeit ab,
ich kann mich im Chaos selbst nicht orten
und setz mein Bestreben nach Ordnung herab.
Ich lande im Traum am falschen Zaun
und umsorge fremde Hühner,
ich gieße auf unbekannten Bühnen
den auf Pappe gemalten Baum.
Ich verbeuge mich artig, doch der Applaus
bleibt, wie erwartet, aus.

Hat mich einst mein Dirigent
verwechselt und verkannt?
Bin ich durch ein Missgeschick
zum Taktverlust verdammt?
Ich stehe ich da und halte in der Hand
das rechte Notenblatt
zum falschen Instrument.
Was wird aus einer Melodie
ohne perfekte Harmonie?
Daher verschlägt es mich im Traum
an einen fremden, krummen Zaun.
Die Hühner kennen mein Gesicht,
doch ich verfehle permanent
den Reim im eigenen Gedicht.

Da keimt in mir ein böser Zweifel,
und der Verdacht beginnt zu reifen ...

Ich malte einst als Kind ein Bild.
Ich malte dauernd einen Teich,
bewohnt von einem kleinen Fisch,
er sagte mir, er sei verwaist,
verschleppt, verhext und ausgesetzt.
Er klagte mir, der Teich sei ihm zu seicht,
denn seine Heimat lag im Meer.
Hier in dem trüben, kleinen Teich
sei er so einsam und allein,
dass er dem Bellen freudig lauscht
und heimlich hofft, für einen Köter
sei auch ein kleiner Fisch ein Schmaus.
Dann taucht er auf, verlässt den dunklen Grund
und rudert mit den Flossen:
„Hier bin ich! Sieh mal her, du Hund!"
Vergebens! Doch er gibt nicht auf
und hört nicht auf zu hoffen:

Es kommt der Tag, ein Vogel kommt geflogen,
entdeckt ihn in dem seichten Teich
und denkt sich: „Oh, der Snack
ist mir willkommen!"
Dann fliegt er ihn weit weg ans Meer
und taucht ihn in die blauen Wogen.
Dann ist er frei!
Dann ist er diesem Teich entkommen!
Ich wusste auch als Kind, ein Fisch ist stumm,
und es sei dumm, um ihn zu trauern.
Nichtsdestotrotz tat mir sein Schicksal weh,
ich wünschte ihm aus tiefstem Herzen
die Rückkehr in die blaue See.

Mein Alter Ego steigt in meinen Zug
und kommt an meiner Stelle an.
Nichts ahnend von dem Lug und Trug
treibt er mein Leben vehement voran.
Er ist der Held in meiner Welt -
heil, fröhlich, unverwundbar.
Er schmäht für mich bestimmtes Pech,
erlebt von mir erträumte Wunder.
Er glaubt, es sei sein Domizil,
er sei in meinem Heim zu Recht,
er spiegelt sich in meinem See
und rettet nebenbei ein Reh.
Doch sagt er seinem Spiegelbild:
"Hey du!" statt „ich".
Meint er dabei womöglich mich?
Glaubt er zumindest ab und zu,
dass er auf fremdem Boden wandelt?
Ahnt er denn vage, er sei jemand anders?
Wird er, mein Alter Ego, vor Schreck bleich,
wenn ihn ein seltsamer Verdacht beschleicht,
sein Dasein sei ein Streich?

Was ist und wie ist das geschehen ?
Hat eine Fee aus Versehen
uns falsch gewickelt, falsch platziert,
weil sie das holde Wort Bestimmung
mal falsch, mal richtig buchstabiert?
Ist unser Schicksal ein fataler Schalk?
Wer von uns beiden ist nun "ich"
und welcher ist der Wechselbalg?

Keine Maus

Wenn ihr mich sucht,
ich bin nicht da.
Ich bin woanders, ich bin weg -
entführt, verschollen, und kein Mensch
kennt mein Versteck.
Wenn ihr mich sucht ... Was soll's!
Wer tut das schon?
Vielleicht nur jemand aus Versehen.
Wenn man euch fragt, so sagt,
ihr habt mich nicht gesehen.

Ich träume, plötzlich ist die Welt zu groß.
Der Graben drüben wird zum Krater.
Die Pfütze dehnt sich, wird zum See,
das Schrumpfen tut, verdammt noch mal, so weh!
Mutierte Fliegen pinkeln mir ans Bein,
ich bin so klein, so winzig klein,
doch pass ich unter keinen Stein.
Gelingt es mir, nicht anzuecken,
bekomm ich keine blauen Flecken.
Und husch ich immerfort voran,
so komm ich laut Naturgesetz
auch irgendwo mal an.

Begegnet ihr dem großen, bösen Kater
von meinem Nachbarn nebenan,
so dürft ihr ihm auf keinen Fall verraten,
dass ich im Abfluss steck –
in einer dicken Scheibe Speck!

Er schert sich um die Logik einen Dreck.
Er hielt mich nämlich heute
für eine leichte Beute.
Ich huschte arglos aus dem Haus,
der Blödmann hielt mich - ohne Witz -
für eine gottverdammte Maus!
Ich dachte, mich erschlägt der Blitz!

Ein Ungeheuer kennt kein Maß,
es jagt und tötet auch zum Spaß.
Erklärt dich so ein Biest zur Maus,
so endest du im Nu als Fraß -
verspeist, verdaut als Katzenschmaus.
Da seien wir doch bitte konsequent!
Gibt's denn für Menschsein
keinen Gattungspass?

Kein glaubwürdiges Argument?
Kein wasserdichtes, sicheres Patent?
Mit einem „Mensch-Passierschein"
wär man gut beraten,
trifft man mal auf einen miesen Kater ...

Also, ihr dürft mich nicht verraten!
Ich bin nicht da, verschollen und verschleppt.
Verleugnet mich, sagt, ich sei weg!

Ich wiederhole stets tagein, tagaus:
ich bin ein Mensch und keine Maus!
Und das befugt mich, klar zu denken.

So eine ehrwürdige, noble Gattung
ist nicht zu kapern, nicht zu entern
und lässt sich nicht an Mäuse oder Ratten
veräußern, abtreten, verschenken!

Oh, Doktor Brigg, wir haben es geschafft!
Der gute Freud lässt grüßen!
Jetzt habe ich die Logik voll gerafft
und muss mein Dasein nicht als Maus verbüßen.

Doch können Sie mir bitte noch verraten:
Weiß es inzwischen auch der Kater?
Er weiß es? Danke! Dann ist's gut.
Ich lüfte voller Ehrfurcht
vor meinem Spiegelbild den Hut.

Unsichtbar

Wenn ich in den Spiegel sehe,
tut es mir ein paar Sekunden weh.
Schläft dieser Typ auf meinem Kissen?
Der arme Trottel in dem Rahmen
trägt meine Hose, meinen Namen.
Der Mitmensch nimmt mich zwar nicht wahr,
mein Spiegelbild besagt: Du, Esel,
ist es nicht sonnenklar? -
Du wirst gespiegelt, du bist da!

Ich könnte meinen Spiegel dafür küssen,
wer ließe mich sonst wissen,
ich kaufte dieses Kissen
mit einem roten Elefanten
an einem grün bestickten Rande
für mich, den Typ mit meiner Hose,
den Typ mit meinem Namen
auf dieser wundervollen Fläche
in einem fast antiken Rahmen.
Sonst glaubte ich noch selbst, ich sei ein Geist,
der glaubt, er sei nicht da, er sei verreist
in einem Zug auf stillgelegtem Gleis -
am Rande des Geschehens,
verwaist, von allen übersehen.

Klebt an der Matte vor der Tür kein Dreck,
glaubt man doch selbst bald, man sei weg ...

Denkt man nicht selbst, man sei ein Geist,
wenn einem nicht einmal ein Hund
am Zaun beim Pinkeln in den Hintern beißt?

Was soll's, der ist doch nur ein Vieh,
doch frag ich mich bald langsam: Wie
soll ich mich bei den Mitmenschen behaupten?
Ich könnte, wär ich aggressiv,
so manches Mal den Chef enthaupten!
Ich bin es nämlich leid, dass er mich ignoriert,
obwohl fast jeder in der Firma lamentiert,
er würde von dem Scheusal schikaniert.

Ich stichle diesen Mann mit provokantem Blick,
damit er mich zum Teufel schickt.
Ist er denn blind, wenn er das übersieht
und beim geringsten Fehler tobt,
dass auch der Buchhalter –
der Rollstuhlfahrer - flieht?!
Ich will ja gar kein Lob und keine Toleranz.
Das, was ich will, ist schlichte Akzeptanz!
Das alles hinterlässt in meinem Weltbild
einen tiefen, schrägen Riss.

Ich weiß, mir fehlt es an Präsenz,
am sogenannten Biss!
Doch wer darüber jammert, der vergisst:
Ein Unsichtbarer schwänzt die Konferenz
und keine Sau checkt den Beschiss.

Ich könnte unbemerkt in eine Kneipe gehen ...
mal angenommen, ich komm rein,
da hockt ein Typ am Tisch allein.
Ich murks ihn ab, man ruft die Polizei.
Die kommt, ich schleich an ihr vorbei
und bleib in einer Ecke stehen.
Der Wirt, der pinkelt sich grad selbst ans Bein,
er schwört gerade Stein und Bein:
„Ich hab hier heute keinen sonst gesehen.“
Na dann, ich hab genug gehört,
um ungehindert wegzugehen.

Seid unbesorgt, ich plan kein Attentat!
Ich bastle schon an dem Plakat
für Freitag. Wenn die Kids die Schule schwänzen,
wird mein Gebasteltes ganz oben glänzen!
Der Nachbarsköter hält mich eh für einen Baum,
dann bin ich hier doch richtig und verhelfe
der Menschheit zu dem grünen Traum.

Novemberspleen

Züge sausen an ihr vorbei,
sie lauscht dem dumpfen Pochen,
dem rhythmischen Rattern der Räder.
Das Symbol schmaler, langer, gewundener Wege
verleitet sie zwingend dazu, zu erwägen,
was tatsächlich war, gewesen wäre …
Sie dreht sich im Kreis, um ihr Leben
vom weißen aufs schwarze Quadrat zu bewegen.

Die Wehmut fließt wie ein dunkler Fluss
und lockt aus der Tiefe mit salzigem Kuss.
Sie hält plötzlich inne, die Dinge beginnen
wie flackernde Lichter zu flimmern.
Ihr schwinden die Sinne, sie wehrt sich dagegen,
den Lichtern entgegen ins Blaue zu segeln.

Sie tut's nicht,
entzieht sich der dunklen Verlockung.
Die frostigen Lüfte zaubern Glocken.
Die rauen Winde lassen sie schwingen.
Man hört im Geweih kahler Bäume
jemanden heiser und klagend singen.

Die Welt klingt plötzlich ein paar Oktaven tiefer.
Sie hört aus der Ferne fremde Stimmen
in die Nacht ihren Namen rufen.
Das Dach auf dem Haus am anderen Ufer
hängt auf einmal ein wenig schiefer.

Irgendwo, in einem der vielen Fenster
brennt für jemanden eine Kerze.
Lassen sich Nieten, Verluste und Pannen
im Kerzenlicht besser verschmerzen?
Oder übt jemand mystische Lichtmagie,
um den Geist der Novembernächte
in ihr sumpfiges Reich zu vertreiben?

Sie räumt ihren Stammplatz am Gleis
wie ein Gast ein Lokal verlässt.
Ihr Blick schweift zurück zum Zug.
Er gleitet geschmeidig an ihr vorbei.
Doch der Stich in der Brust bleibt aus,
stellt sich seltsamerweise nicht ein.

Vergebliche Reue

Argumente erheben, sie widerlegen …
Fehler, längst archiviert, werden neu dekliniert,
verdrängte Wortfetzen neu buchstabiert.
Die Reue ist wie die listige Natter,
sie nistet sich dort, wo sie reinpasst, ein.
Und bevor man ihr Schlupfloch entdeckt
und sie greift,
ist ihr Saft im verwinkelten Kreislauf gereift.
Man scheitert am chronischen Unvermögen,
sich alles, samt seinem verkorksten Leben,
restlos, bedingungslos, fair zu vergeben.

Wer den Unfug betreibt, der glaubte womöglich,
Erinnerung sei eine Art Hexerei.
Schmecken begangene Fehler besser,
aufgewärmt im gestrigen Brei?
Man merkt irgendwann,
von grimmigem Eifer erschöpft,
man hat sein Gedächtnis vergeblich geschröpft.

Begangene Tat, gesagte Worte,
übersehene Fragezeichen,
Phantome gelöschter Dateien,
im Hier-und-Jetzt nicht zu orten -
alles, was war, was jeweils geschah,
ist abrufbar da und sorgsam gehortet.

Die Zeit setzt nach eigener Regel die Weichen,
sie hält die Phantome im Bann als Geisel.
Sie verharren wie erdgebundene Geister
auf längst stillgelegten Gleisen.
Sie lassen sich nicht widerlegen.
Sie lassen sich nicht beheben.

Sie warten manchmal ein ganzes Leben,
auf Einsicht und Vergebung.

Pechvogelglück

Die Geschichte begann mit meinem Besuch
beim guten Doktor Brigg.
Ich sprach es laut und wahrnehmbar aus,
dann geschah, was geschieht,
wenn jemand ins Wespennest sticht.
Mein Text: „Ich bin ein Pechvogel
und muss mich dazu bekennen.
Es fällt einem schwer,
solche Dinge beim Namen zu nennen,
weil man höchst ungern davon spricht."

Die Augenbrauen von Doktor Brigg
rutschen ruckartig hoch,
ich soll meine Ansicht zum Pechvogeldasein
möglichst genau definieren.

Der Pechvogel steckt halt im Pech
und kommt davon nicht mehr los.
Es behagt einem Stoiker nicht,
über Leid zu sinnieren.
Seine Haltung verbietet es ihm klar und strikt,
sich im Leid zu suhlen, zu lamentieren.

Doch der Doktor benötigt bildlichen Stoff,
um meine Gesinnung zu modulieren.
Er muss doch mein Ego stabilisieren,
um mich erfolgreich voran zu puschen.
Das schätz ich an ihm, er scheut den Versuch,
an der Psyche verwirrter Patienten zu pfuschen.

„Also", beginn ich, „ich komm überall,
wie verhext, einen Tick zu spät an.
Auch wenn ich rechtzeitig angetrabt komme,
steh ich meist vor einer geschlossenen Tür.
So ein sinnloses Pech ist wie ein Geschwür,
wie das Ärgernis spärlicher Kopfbehaarung,
ein belangloser, lästiger Vogelschiss
auf der Rangliste wertvoller Lebenserfahrung.
Enttäuschung ohne didaktischen Wert
ist wie ein werdender Wein, der nicht gärt,
ein Produkt, worauf man verzichtet,
weil man es nicht entbehrt.

Wie neulich …
Ich musste ganz dringend zur Bank.
Obwohl es erst Viertel vor zwölf war,
kam ich wieder mal nicht voran.
Ihr habt schon geschlossen?!
Ich starr wie eine Esel aufs Schild an der Tür,
und die Willkür ärgert mich über Gebühr.

Ich pflege, Verluste zu dokumentieren.
Würde ich all die versiebten Minuten addieren,
wäre ich selbst als bekennender Stoiker
bei dem Rechnungsergebnis verdrossen.
Ich habe sicher unzählige Stunden
vor euren verschlossenen Türen verbracht!
Ich verzichte darauf, ich bin Stoiker,
und Nietenbilanz macht einen verwundbar.
Wieso habt ihr vorzeitig dichtgemacht?!

Ich höre und fühle zu meiner Verwunderung
mich gegen die Tür meiner Bank hämmern.
Später fragte ich ganz belämmert:
Ich? Ich habe mir sozusagen gewaltsam
den Eintritt zur Hölle verschafft?

Ein maskierter Typ hat mir eigenhändig
das gottverdammte Tor aufgemacht
und scheuchte mich grob mit gezückter Pistole
zu den anderen drei an die Theke.
Ich hab ihn zu einem späteren Zeitpunkt
aufgrund eines Flecks von roter Bete
an seinem Kragen identifiziert.
Rote Bete am Kragen kommt selten vor,
solchen Fleck aus bekleckertem Stoff zu entfernen
ist dafür umständlich und kompliziert.

Aber davor …
wünschte ich mich verständlicherweise
vors geschlossene Tor zurück.
Ich sage doch, Doktor, egal, was ich tu,
ich habe einfach kein Glück!
Mein Schicksal krallt mich und hält mich im Griff
und spult mich nicht ans Licht zurück!
Pech als Los, in Stein gemeißelt,
lässt mich jede Aktion vergeigen!

Man erklärte mich nebst den drei Angestellten
zur einzigen nicht angestellten Geisel.
Wie konnte ich nur?! Wie konnte ich's wagen,
mich zum Sturm auf die Bank zu erdreisten?!

Ich fand meinen Ausrutscher ungehörig
und mit Blick auf die Folgen unverzeihlich!

Vergeblich beamte ich mich gedanklich
zur Außenseite der Tür zurück …
Ich musste also meine missliche Lage
in voller Tragweite realisieren.
Lass ich's jedoch Revue passieren,
muss ich sagen - zum Glück.

Das Fabelwesen mit grünen Augen,
die mir seit jeher die Nachtruhe rauben,
will an ein böses Geschick nicht glauben
und drückte prompt auf den Knopf. Alarm!
Das schöne Kind ist so mutig
und schaut dabei zahm wie ein Lamm
direkt in den Lauf der Pistole.
Der Maskierte ist skrupellos,
ihm ist nichts heilig.
Ihm geht es nur um die Kohle.
Ich könnte ihn umbringen,
oder zumindest gehörig versohlen!!

Kurz und gut, der Maskierte schreit:
„Du! Du betätigtest diesen Knopf?!"
Die Pistole zielt auf den Engelskopf
mit den Augen wie lichtdurchflutete Trauben.
Plötzlich geschieht etwas,
etwas platzt – ein Knoten oder ein Pfropf.
Eine unsichtbare, mächtige Kraft
packt mich unsanft am Schopf,

und ich kann es selbst nicht glauben –
ich reiße den Engel zu Boden –
das Mädchen mit weintraubengrünen Augen.
Der Typ rastet aus und beginnt vor Wut zu toben.

So lagen wir da auf dem Boden,
ich wusste noch immer nicht, was ich da tat.
Ich spürte ihr Haar im Gesicht,
ihre zarte Gestalt unter meinem
zum Schutzschild mutierten Körper,
dann hörten wir alle den Schuss.

Die Kugel verfehlte ganz knapp mein Ohr
und vergrub sich in den Boden.
Wir zwei lagen immer noch bäuchlings
aufeinander – sie unten, ich oben,
bis ich merkte – o Schande! –
ich muss von ihr runter,
bevor meine jähe Erregung
sie erschreckt, befremdet oder …
ihr den zarten Schenkel durchbohrt.

Ich griff mir verlegen ans Ohr
und war peinlich berührt,
doch es wäre gelogen, wenn ich sagte,
ich hätt's nicht genossen,
wie die übrigen zwei meine mutige Tat
heftig lobten und immer noch loben.
Man hätt mich bei meiner Rettungsaktion
beinah angeschossen!

Ich vergaß dabei nicht, meinem Mentor Seneca
die dreifache stoische Tugend -
Pflichterfüllung, Gelassenheit, innere Ruhe –
schuldbewusst zu geloben.
Wieso? Die drei Weisheit verkündenden Worte
hängen vergoldet in meinem Flur.
Ich steh zu dem Motto, es sollte mir passen,
wie ein eingelaufener Lieblingsschuh!
Nichtsdestotrotz verstieß ich heute
gegen den Vorsatz und das Gebot:
Ich missachtete elend das strengste Verbot!

Sagen Sie's mir:
Bewahrte ich wirklich die innere Ruhe,
oder verstieß ich dagegen
und entging knapp dem Tod?
Ein Mann muss doch tun, was er tun muss:
in Not geratene Frauen retten.
Ohne kleinlich darauf zu warten,
dass sie um Hilfe betteln!
Wenn man all das getan hat, darf man sein Haupt
auf ein nicht allzu weiches Kissen betten.

Das mit der Rettung der Frau
klappte zum Glück ziemlich gut.
Mein Ausraster neulich war ein Versagen.
Wegen der unkontrollierten,
jähen, unbändigen Wut!"

Der Doktor gibt sich einsilbig, will nur wissen:
„Wie ging's denn weiter?

Apropos, bevorzugen Sie
aus Prinzip harte Kissen?"
„Ja, ich dulde keine Verweichlichung",
antworte ich beflissen.

„Der Maskierte, der Geier,
hatte sich damals verzogen
und wurde aufgrund meiner Aussage
bald eingeflogen.
Das Fabelwesen mit grünen Augen
ist mir seitdem gewogen.
Sie hat sogar eingewilligt,
sich mit mir zu verloben.
Ein Zweifel meldet sich an:
Hat sie's aus Dankbarkeit getan?

Das Schicksal verkennt mich nach dieser fatalen,
ferngesteuerten Heldentat.
Auf dem Heimweg „danach" fragte ich mich:
Was wollte ich eigentlich auf der Bank?
Mein Konto ist meist am Monatsende
ziemlich leer oder blank.
Da fegt mir der Wind aus dem Nichts
einen Lottoschein in die Hand.
Das kam mir ziemlich schicksalhaft vor!
Sie belieben zu scherzen, holde Fortuna? Na, fein.
Ich löste den Schein grinsend ein.
Und gewann. Eine Million! Was ich empfand?

Ich unterstellte dem Schicksal die Intention
kompletter Moraluntergrabung!

Ich beklag mich ja nicht über meinen Gewinn,
ich mag nur keine offenen Fragen:
Will man mich absichtlich irritieren?
Mir goldene Brücken illusionieren?
Was kommt nach dem Einlullen? Nieten?
Nachgeliefert in Doppelpackung?
Hochdosierte Misere, garniert mit Pech?
Wie käme ich, Doktor, als zahnloser Tiger
mit entschärften Sinnen damit zurecht?"

Da sagt der Doktor:
„Sie halten also den Acker bereit
für zu erwartendes Ungeziefer?
Jetzt ereilt Sie statt einer Heuschreckenplage
eine pralle Ladung Glück.
Da sagen Sie sich, das kann doch nicht wahr sein,
kehr, Schuster, zu deinen Leisten zurück?"

Der Doktor hat's gut und hat gut reden:
Ihn hemmt kein Gelöbnis und er unterliegt
daher keinen selbstauferlegten Regeln.
Er meinte, ich soll meine Haltung lockern,
eine Glückssträhne sei doch verlockend
und würde einem das Leben versüßen.
Ich soll, statt Trübsal zu blasen,
gefälligst frohlocken!
Außerdem soll ich von ihm die Fortuna
bei meinem Dankeschön–Mantra grüßen.

Ich frag mich nur, soll ich ihr beichten,
dass ich – der gebeutelte Ritter des Missgeschicks –
ein echtes Problem damit habe?
Ich verspüre ein seltsames Unbehagen,
ohne Vertrag sozusagen
eine brüchige Ladung -
ein nicht versichertes Glückspaket -
lebenslänglich durchs Leben zu tragen.

Ein paar ungeklärte Dinge

Reue post mortem

Er schmeckt das Salz ihrer Tränen,
sie hören nicht auf zu fließen.
Obwohl sie schon schläft,
weint sie immer noch bitter
in ihr tränendurchnässtes Kissen.
Er ist da und kniet vor ihr nieder,
doch woher soll sie all das wissen?
Er ist nur ein Geist, und er weiß,
seine tausend ätherischen Küsse
können sie niemals wieder beglücken.

Sie bekam keinen Kuss an dem Morgen,
als er ging und nie wieder kam.
Sie warnte vor Sturm
und Wellen, so hoch wie ein Turm.
Er sollte ihr schwören ...
Doch er wollte die Warnung,
er wollte auf sie nicht hören.

Er verspürte die Sehnsucht nach kräftigen Winden,
die Segel zu Flügeln blähen.
Er sehnte sich heftig wie nie zuvor
nach dem brodelnden Rauschen der Wellen.
Oder war es ein Lockruf
von den steilen, entlegenen Klippen?
Haben Sirenen das zweite Gesicht?

Sahen sie etwas, was er nicht sah,
und sangen sein Schicksal in ihrem Gedicht,
bis ihr Wonne verheißender, schöner Gesang
ihn in warmen, liebkosenden Wogen durchdrang,
und sein Blut überflutete.

So muss es gewesen sein.
Was hätte ihn sonst noch dazu bewogen,
sie glauben zu lassen, er hätt sie verlassen,
sie um ihr Glück betrogen?

Sein geliebtes Meer entriss ihm sein Boot,
es wirbelte rum wie ein Spielzeug im Sturm.
Er flehte in seiner elenden Not
um Rückkehr, um Liebe, um kleine Dinge
wie schlichtes, tägliches Brot
und erblickte im letzten Fetzen des Himmels,
im faden Strahl des Morgenlichts
die verschmähte Vision seines Schicksals -
ihr geliebtes, vertrautes Gesicht.

Niemand anders, er selbst,
ging mit sich ins Gericht.
Jemand sagte ihm freundlich:
„Dein Leben wirft lange, dunkle Schatten
am Ort des hellsten Lichts.
Du solltest dem Himmel Gnade gestatten,
doch du übst, von Sühne besessen, Verzicht.

Dies ist kein Ort,
wo man grimmigen Götzen huldigt,
weil man glaubt, man sei diese Buße
einer strafenden Gottheit schuldig.

Dafür gäbe es finstere Welten,
wo man Wehmut in Wermut brütet,
wo man böse Erinnerung hütet,
um längst erteilte Vergebung bettelnd -
im selbst erbauten Gefängnis,
bei selbst auferlegtem Verbot.
Nein, das wollte er nicht,
denn die Freiheit war sein höchstes Gebot.

Deshalb kniet er Nacht für Nacht vor ihr nieder,
schmeckt das Salz ihrer Tränen und flüstert:
„Schlaf tief und friedlich und träum.
Du begibst dich im Traum an den Ort,
wo die Wolken zusammenrücken.
Wir treffen uns zwischen den Welten
auf einer der tausend Brücken.

Außer Kraft gesetzte Naturgesetze
setzen die Schwerkraft aus,
du befreist dich aus ihren Fängen -
man gibt dich frei.
Im Regelwerk aller Zusammenhänge
lässt sich hier, zwischen Erde und Himmel,
die verborgene Kehrseite aller Dinge
in erstaunlicher Klarheit erkennen.

Du bringst Zweifel und Glauben auf einen Nenner,
denn jeder Akkord
lebt von Einklang und Spannung.
Du erlebst diese Sprungkraft in jedem Keim,
bis im Licht der Erkenntnis jede gültige Wahrheit
sich auf ihren Gegensatz reimt.
Ich erzähl dir von einem Hain,
wo ein Grashalm, gepflückt,
augenblicklich verheilt.
Dann sag ich, wie sehr ich dich liebe
und frag dich, ob du mir verzeihst.

Komm, wenn du träumst, an den Ort,
wo die Wolken zusammenrücken.
Ich baue für uns, zwischen Welten
robuste, ätherische Brücken.“

Ein paar lose Enden

Manches ändert sich nie
und hängt in der Luft wie der Smog in Shanghai.
Man stellt eine Frage
und fängt sich diffuse Antworten ein.

Man fragt zum Beispiel: Was ist Liebe?
Ein Geniestreich des Zufalls oder der Fügung?
Das perfekte Duett zweier Energien?
Lässt sich ihr Ursprung verfolgen? Wenn ja …
Wo buddelt man: in dem Bereich der Chemie?

Oder ist es ein Abrakadabra
und stammt aus dem mystischen Reich der Magie?
Überdauert die Liebe die Zeit,
oder blüht dieses edle Gewächs nur auf Erden?
Sammeln Elfen den Blütenstaub ein
und hauchen ihn dann als ätherische Saat
über ihre uns unsichtbaren Gefilde,
damit wir, wenn wir irgendwann gehen,
unser Herz in der anderen Welt wiederfinden?

Was wäre das Leben, das Handeln,
ein geleisteter Eid, ein erlittenes Leid,
ein Gelöbnis im Auftakt des Neubeginns
ohne einen den Einsatz krönenden Sinn?
Man könnte uns sonst nie davon überzeugen,
geopferte Zeit sei keine Verschwendung,
sondern im Gegensatz – ein Gewinn,

ein Wachstumsschub
auf dem Weg zur Vollendung.
Ein Glaube ohne Beweis ist blind,
doch es ist paradoxerweise der Glaube,
der Blinde durch dichteste Nebel bringt.

Wieso ist alles so, wie es ist?
Woher kommen all die Beschwerden?
Wir haben doch angeblich selbst vor dem Abstieg
auf das Trainingsfeld namens Erde
ohne Zwang unser eigenes Drehbuch geschrieben.
Das behaupten zumindest die mystischen Lehren.

Sollte das stimmen, dann muss man sich fragen:
Haben wir da bei der Planung der Hürden
im Anflug gewaltiger Selbstüberschätzung
blöderweise zu dick aufgetragen?
Schwer zu glauben, wir hätten uns selbst,
von maßlosem Ehrgeiz getrieben,
die angeblich heilsame Schocktherapie
ausgedacht, eingeplant und verschrieben.

Nein, halt, es ist keine Haarspalterei,
es ist keineswegs einerlei,
wen wir für Misserfolg, Nieten und Pech
zur Verantwortung ziehen und rügen!
Nun stehen wir da und beklagen die Folgen,
das Schicksal sei rüde, alles sei unbeständig,
wie eine gerade noch sonnenbeschienene Wolke.

Der Gedanke, wir hätten das schräge Szenario
eigenhändig entworfen und niedergeschrieben,
ließe sich ohne Einwand ertragen.
Uns juckt nur die Frage: „Wieso, ach, wieso
haben wir da beim Entwurf all des Wahnsinns
so gottverdammt arg übertrieben?!"
Was war mit uns los? Wieso haben wir uns
für das mieseste aller Konzepte entschieden?
Warum sind wir, wenn uns nichts Besseres einfiel,
nicht einfach da oben geblieben?
Ging's uns womöglich ausschließlich darum,
uns durch Erdrutsch zur Tat anzuschieben?

Das Gesetz der Anziehung kommt in Mode.
Ist dein Leben marode,
dann schwingst du falsch
und vor allem nicht hoch genug.
Schickst du dich nicht, etwas höher zu schwingen,
schneller, gewaltiger zu rotieren,
so schaffst du es nie, schicke Sachen
aus der Knete des Äthers zu manifestieren,
bist dazu verdammt, dich abzurackern
und erschaffst aus der Feinstoffmaterie
trotz aller Mühe lauter Kacke!
Sich strecken, die Finger spreizen,
mit der Fortuna schäkern
und dabei nie mit Lob und Danksagung geizen!

Manches ändert sich nie und hängt in der Luft
wie der vom Seufzer begleitete Spruch:
„Nein, das ist nicht das Gelbe vom Ei",

wenn's mal wieder so ist, wie's nicht hätte zu sein.
Man stellt tausende Fragen und handelt sich
solche bescheuerten Antworten ein.

93

Hinter dem Vorhang

Alle Märchen münden
mit Erfüllung der Träume ins Glück.
Unser tief verankerter Glaube
an den Güte belohnenden Zauber
erleichtert das leidvolle Hadern
mit dem bösen, sehr bösen Geschick.
Wir halten den Glücksmoment fest,
verewigen ihn in Annalen
und verzichten auf die banale,
fast an Frevel grenzende Frage:
„Wie geht's weiter?" -
„Der Himmel im Märchenland bleibt
auch hinter dem Vorhang heiter!
Das sei doch beim Märchenerzählen der Sinn!"
Die einzige Antwort, die jedermann hören will.

Märchen gedeihen in unserer Sehnsucht
nach etwas mehr, als das, was es gibt.
Man wird dank Märchen zum Magier,
der Stahl wie Brezeln verbiegt.

Dein Glück, Aschenputtel, ist sicher.
Keiner wagt es, daran zu rütteln!
Und tut's jemand, brennt die Hütte!
Erzähl bitte keiner einzigen Maus,
du vergehst vor Sehnsucht nach deinem Garten,
nach deinen Tierchen im alten Haus
und verschmähst die edle Gesellschaft
im schmucken Palast beim fürstlichen Schmaus.

Gegen solche Missachtung der Regel
im Ehrfurcht gebietenden Märchenland
regen sich alle Sinne
und sträubt sich unser Verstand.
Es darf niemand ahnen, dass du, Majestät,
unter mit Gold besticktem Gewand
deine alte, geblümte Schürze versteckst
und damit voller Hingabe und Pietät
heimlich die Krone samt Silberbesteck
mit märchenwürdigem Eifer polierst.
Erwarte nicht, dass man das je akzeptiert!

Dornröschen schlummert, auf Rosen gebettet,
und wartet auf ihren Kuss.
Der tief verankerte Glaube
an einen durch Liebe bewirkten Zauber
ist in der Märchenlandschaft ein „Muss“.
Wir zwangen das Mädchen
durch Tricks in ein Koma,
um es ja beim Wachküssen keusch zu bekommen.
War es etwa nicht möglich,
das Problem anderweitig zu lösen?
Ohne den Kuss des Erlösers?

Wir muten die gleiche Tortur
dem armen Schneewittchen zu.
Wir können es uns nicht verkneifen,
ihr den tödlichen Apfel zu reichen,
um dann wiederum mit dem rettenden Kuss
in den gläsernen Sarg zu greifen.

Wer wäre so dreist, sich an der Ohnmacht
der drolligen Zwerge durch Spott zu vergreifen?
Ein tapferer Prinz muss wieder mal her,
um Berge für sie zu versetzen.
Uns fiel es partout nicht mal ein,
die Rolle des Retters durch einen der Zwerge
zugunsten der Freundschaft neu zu besetzen.

Wie dem auch sei, jetzt ist Rotkäppchen dran.
Wo landet das niedliche Mädchen?
Lebendig verschluckt im Verdauungsschlauch!
Die Botschaft an Wölfe lautet:
Lasst die Finger von kleinen Mädchen,
sonst rumpeln heiße Steine
in eurem gierigen Bauch!

Erkennt, ihr Mädchen, das böse Biest,
wenn ihr vermeintlichen Omas
Rotwein in Kelche gießt!
Erkennt den Wolf an langen Ohren,
an einem viel zu großem Maul.
Was ist, wenn der tapfere Jäger
auf seinem klapprigen Gaul
euch im Dickicht der Wälder nicht findet?
Dann bleibt ihr im Bauch eines Wolfes stecken,
seid nicht zu entdecken und nicht zu retten!
Seid, ihr Mädels,
zum eigenen Schutz wach und schlau!
Ihr seid noch zu klein für den Prinzen mit Ross.
Denkt daran, dass bei Rotkäppchens Rettung
ein gewaltiges Blutbad durchs Märchenland floss!

Schwarzes Drachenblut fließt ohne Ende,
um ein Unheil abzuwenden.
Was tut sich noch hinter den Kulissen?
Das wollen wir gar nicht wissen!
Das Märchenland steht unter unserem Schutz,
weil im Märchen unsere Sehnsucht wohnt.
Deshalb werden unsere Märchen
von jeglichem Zweifel verschont.

Das Gebet eines Fehlgeleiteten

Ich steche gerade mein wackeres Schwert
in die Erde am Grab meines Feindes.
Ich lege im Frieden darauf keinen Wert.
Alles, was sich widersprach, reimt sich.
Die Bruchstücke meiner Welt
fügen sich nahtlos zusammen.
Hätte ich eher gewusst, dass sein Tod
mein Dasein dermaßen erhellt,
wäre er längst, schon seit Jahren tot,
und ich würde heute mein Schwert
in seine unreine Asche rammen.

Ich tu's für dich, nur für dich.
Der Schuft darf unverdienterweise
mein Schwert als Kreuz zum Abschied haben.
Mir wäre für ihn jede Mühe zu schade,
ich bin aber jemand, der sich nicht scheut,
den Feind vor der letzten Reise zu baden.

Mir geht's nur darum: Ihr sollt euch da oben
nicht über schlampige Machart beklagen.
Ich erwies ihm damit nicht etwa die Ehre,
ihn dem Anstand gemäß zu begraben.
Meine Absicht war nur, den Unrat
glatt vom Erdball ins All zu kehren.
Ihr dürft ihn nun sauber und gut verpackt haben,
oder ihn kriegen, wenn's schief läuft, die Raben.

Was ist schon geschehen?
Es gibt keinen Tod!
Nur die Welt sieht bei solchem Vergehen rot.
Die Seele wechselt ganz einfach den Sitz.
Ich halte so manchen irdischen Maßstab
schlicht und einfach für einen Witz.

Nur du, Vater, weißt, wo es langgeht.
Hat mein Kumpel, der Mystiker,
trotz seiner Flausen
zumindest dieses Mal recht?
Laut des alten Banausen hat so ein Miesling
im Jenseits beim Übergang riesiges Pech.
Nach dem Gang durch *den Tunnel*
zieht es verbiesterte Seelen
angeblich unwiderstehlich nach links.
Während doch rechts für unsereinen
ein helles Lichtlein einladend blinkt.
Da biegt der Schuft wie einst bei lebendigem Leibe
als Geist blöderweise falsch ab
und gleitet, umgeben von Schwefel und Rauch,
herab auf die Erde, direkt in den Bauch
eines ebenso miesen, versoffenen Weibes.

Das würde geschehen, vorausgesetzt, Karma
ist kein erbarmenswert leeres Geschwätz.
Ich hoff, dass die schräge Begründung
dich, Vater, im göttlichen Kern nicht verletzt.
Unser Weltbild hat trotz aller Belehrung
ein gewaltiges Leck!

Wir sind alle Suchende, Irrende, Sünder
auf einem ziemlich glitschigen Deck
und landen dann irgendwann, elend strauchelnd,
mit rauchendem Hintern im Dreck!
Karma hin oder her
samt R e i n k a r n a t i o n,
mein Bericht, Vater, dient einem einzigen Zweck:
Ich verabscheue selbst nichts so sehr
wie den Mangel
an alles umfassender I n f o r m a t i o n.
Solltest du trotz meiner Warnung wollen,
den Nichtsnutz für dich zu gewinnen,
so lass ihn am Ausgang *des Tunnels*
direkt vor der Abbiegung
ja nicht entrinnen!

Meine Handhabung gilt nur auf Erden.
Ich finde es eigentlich jammerschade,
dass ich, ohne die Welt verstanden zu haben,
irgendwann abtreten werde.
Wenn's was zu tun gibt, musst du's mir sagen.
Ich biege für dich liebend gern
jedes krumme Gestrüpp gerade.

Zwei linke Flügel

Wieso hast du, o Herr, es versäumt,
schon im Vorfeld den Lauf aller Dinge zu steuern?
Kraft göttlicher Macht,
dank himmlischer Weitsicht
wäre die Welt frei von Gräueln.
Hätt' es nicht einfach gereicht,
an der Achse des Weltgeschehens
hier und da mal kräftig, mal sachte
zu rütteln oder zu drehen?

Unter uns gibt es keinen,
der Wasser in Wein verwandelt,
und niemanden, der über Wasser wandelt.
Wie sollen wir etwas bereuen,
das wir gar nicht taten,
wir zahlen fristgerecht Steuern
für etwas, das wir tun.

Wird uns niemand den Dreh verraten,
geht's uns wie dem missratenen Huhn:
Es verfügt über Flügel in voller Montur,
doch es ist aufgrund seiner trägen Natur
flügellahm, außerstande zu fliegen.
Daher wird es gerupft und landet
in einer Hühnersuppe.
Wir genesen davon
schon am Kochtopf beim Schnuppern.
Was würden wir sonst so liebend gern schlemmen
bei böser Erkältung, Husten und Schnupfen?

Würde das Huhn sich zum Fliegen bekennen,
ließe es sich von niemandem rupfen,
leider wär das für uns nicht von Nutzen.
Woran mag es denn hauptsächlich liegen?
An seinem Unvermögen zu fliegen!

Wir wären durchaus imstande,
krumme Achsen zurechtzubiegen,
Wir sind beseelt, unser Geist ist beflügelt!
Uns fehlt nur der kräftige Schwung
gut gewachsener, starker Flügel.

Gib, Gott, doch jedem, was ihm fehlt!
Gibt dem Möchtegern-Helden ein Schwert!
Gewähr dem Clown den tragischen Tod
auf einem stattlich gesattelten Pferd.
Reiß dem König die Schärpe vom Leib,
sein Bursche begehrt sein gekröntes Weib.
Gib dem Huhn das Gefieder des Schwans.
Sonst verfällt deine Welt dem Wahn,
sonst versumpft deine Schöpfung im Gram.

Wird der Baum nicht umgehend blau
und der Himmel dagegen blattgrün,
wird der Narr über Nacht
nicht zum wahren Propheten
und der Feigling nicht tollkühn,
bestürmen wir dich mit geballten Gebeten,
bis die Wiesen am Nordpol erblühen.

So ist es nun mal auf diesem Planeten -
jeder begehrt, was er nicht hat,
jeder will sein, was er nicht ist.
Am Ende des Tunnels bist du unser Licht,
wir sorgen dafür, dass du uns nicht vergisst!
Wir gewähren dir, Gott, einen winzigen Aufschub,
eine wimpernschlaglange Frist.
Deine Schöpfung durstet
nach biblischen Wundern,
nach der göttlichen Botschaft aus deinem Munde!

Uns schwebt folgende Lösung vor:
Jemand mit Flossen will lieber Gefieder,
jemand mit Federn bevorzugt den Pelz.
Du packst das Problem
an der schmerzenden Wurzel
und rettest dem Zahn den Schmelz.
Man hat ein Bedürfnis –
Taube? Kaninchen gefällig?
Man greift in den göttlichen Hut
und alle sind glücklich und fühlen sich gut.

Lass uns rund um den Globus wichteln -
jeder bekommt, was er begehrt.
Die Welt ist dann heil, alle Fehler berichtigt,
keinem wird ein Wunsch verwehrt.
Deine eigene Schöpfung ist wieder
dir zum ewigen Dank verpflichtet.

Denk nur bitte an unsere Flügel!
Stark und geschmeidig sollen sie sein.
Ein linker. Ein rechter. Dazwischen – die Kraft.
Du richtest sie aus und sagst uns: „Macht!"
Den Willen zum Fliegen bringen wir ein.

Fortunas Gunst und Ungunst

Die Welt aus dem linken Winkel

Die Rosen, die niemand wollte

Zieht nur vorbei, ihr tollen Menschen,
ich sag, ein Euro für die Rose,
und weiß, dass ihr sie gar nicht wollt.
Stört euch der Spritzer an der Hose
oder mein Blick, der euch verfolgt?

Ihr strebt nach großen, noblen Zielen
und ich verfehle euren Blick.
Es ist mein tückisches Geschick,
dass ich mit linkem Auge schiele.

Bevor ihr loszieht, um die Welt zu retten,
dürft ihr noch gerne etwas wissen:
Unsereiner braucht ein Kissen,
um sein schlichtes Haupt zu betten.
Schielend sieht man aus dem linken Winkel
alle Schwielen, alle Beulen.
Schielend sieht man Kummerspuren,
jeden Tränensack vom Heulen.

Schräge Blicke finden krumme Bäume
und verirren sich in fremden Träumen.
Ihr zwei wollt euch endlich küssen?
Tut es, ich will's gar nicht wissen.

Du, Verehrteste, glaubst, deine Ehe
sei nicht zu retten und längst marode.
Über Untreue wachse kein Gras ...
Gänseblümchen sind aus der Mode,
du wünschst dir, sein Herz wär aus Glas.
Er schuftet auch nachts, es war nicht geflunkert.
Du trägst um den Hals den Beweis.
Das blendende Weiß deiner funkelnden Klunker
erfordert den hohen Preis.
Manche Perlen erlangen in dunkelsten Nächten
ihren unnachahmlichen Glanz.
Ich sehe, du hast davon keinen Schimmer.
Vergebliche Tränen erzeugen an Wänden
verdunkelter Zimmer Schimmel!

Und du? Du, Pseudochirurg,
kauf der Frau eine hübsche Rose!
An deinem Profil, mein Guter,
sind etliche Fäden lose.
Eine Rose wär allemal klüger,
als das Mädel so plump zu belügen.
Sie hat Höhenangst, Möchtegern-Hobbypilot!
Ihr Wasserhahn tropft,
sie braucht einen Klempner - dich, Idiot!

Da seid ihr ja wieder, ihr Lieben -
korrekt, adrett, liberal.
Kauft eine Rose, die ihr gar nicht braucht.
Kauft sie doch mir zuliebe!
Ich kitzle ganz sachte an eurem Gewissen,
ich brauch doch ein neues Kissen!

Nein? Ihr seid allesamt schlaue Köpfe,
wieso macht ihr euch gleich in die Hose?
Keiner will euch erbeuten,
keiner will euch schröpfen.
Nur ein Euro für eine Rose!

Entschuldigt, mein linkes schielendes Auge
spielt plötzlich komplett verrückt.
Alles wirkt auf einmal entfremdet
und seltsam entrückt.
Ich seh euch auf Sturmwolkenblau
samt blinkenden Sternen kreisen.
Der Reigen flimmert und alles wimmelt,
mir wird's im Magen ganz flau.
Mein Blick entgleitet mir, reißt mich mit ...
Was soll das werden? Ein Salto Mortale?

Ich rase in schwindelerregendem Dreh
auf gewundenem Gleis einer Riesenspirale
und flieg dann in hohem Bogen ins ... Aus.
Ich fühl mich wie eine verschluckte,
im Anschluss vom Rohr ausgespuckte,
gottverdammte, patschnasse Maus.
Ich dreh und dreh mich wie ein Wiesel
und stehe plötzlich auf einer Wiese.

Der Himmel ist blau wie der reinste Saphir!
Wo bin ich, was mache ich hier?
Ich tanze. Nur was? Eine Pirouette?
Dann seh ich sie klar und deutlich.
Die Majestät, Marie-Antoinette!

Die unglückselige Königin
mit hübschen Blümchen am Hut
folgte Rousseau und wollte
zurück zur Natur.
Währenddessen erlitt ihr gebeuteltes Volk
die elendste Not und brütete Wut.
Nach ihrem berüchtigten Spruch
über Kuchen und Brot
gab's keine andere Farbe,
die tobende Meute sah rot.
Der entfesselte Drache gierte nach Blut.
Es ergoss sich in jäher, gewaltiger Flut,
überschwemmte den Weg zur Natur.
Marie-Antoinette kniete nieder
zum fatalen Finale ihrer Tortur.

Dieser Aderlass der Geschichte
hinterließ eine lange und blutige Spur ...
Wenn die Luft beginnt zu knistern
sieht ein farbblinder Bulle rot,
brüllt und schnappt nach beliebigem,
heftig flatterndem Tuch.
Über manchen Dingen hängt
ein Jahrhunderte dauernder Fluch,
denn so endet jedes Kapitel
vom angeblich leckeren Kuchen
bei fehlendem täglichen Brot!

Ich bin noch erschüttert von der Erkenntnis,
da spult mich der Himmel wieder zurück.
In meiner großen schwarz-grün-gelb-roten Dose
erstreckt sich gähnende Leere.
Geht vorbei, rettet Wälder und Bienen.
Auch ich bin für saubere Meere.
Ich war nur kurz weg,
im Zeitradwerk gab es ein Leck,
mein Rutsch durch die Zeit war ermüdend ...

Keiner wollte die hübschen Rosen?
Ich werde aus euch nicht schlau!
Ich sag euch ade,
mein Hund kläfft schon etwas rüde.
Morgen machen wir beide blau.

Melodie ohne Worte

Wir wandern durch zahlreiche Orte,
ich spiele mein Lied ohne Worte.
Hier und da segeln einzelne Münzen
in meinen verbogenen Hut.
Mein Hund jault manchmal dazwischen,
sonst bewacht er mein Hab und Gut.
Ihr wisst, wir haben so gut wie nichts
zu verwahren, zu sparen, zu horten.
Ich weiß, euch genügt meine Melodie,
ihr braucht sie nicht,
meine in Wehmut getränkten Worte.

Ich kenn eure schrägen Blicke
und kenn eure Scheu vor Dreck.
Ich blick euch nicht an, denn in meinen Augen
hat die Welt nicht einen heilen Fleck.
Es täte einem so gut,
euch mit gleichem Blick zu schmähen.
Nur wozu?
Welcher Hahn steigt für mich auf den Mist,
um nach einem wie mir zu krähen?

Ja, so manches ergibt keinen Sinn
und ist trotzdem verdammt verlockend ...
Du streichst dem Kind eine blonde Locke
von seiner verschwitzten Stirn.
Ich riech deinen Wunsch, er soll niemals erfahren,
was ich irgendwann war, wer ich bin.

Dann huscht ihr ganz eilig an mir vorbei.
Was gibt's heute Abend? Sauerbraten?
Und als Nachtisch süßen Brei?

Ich leb noch, ich seh meinen Atem
im Frost als Wolke schweben.
Wirst du mir, Mutter, in deinem Himmel
eine flauschige Decke weben?
Adrette Leute schlummern
in warmen Stuben, weich gebettet.
Mögen angenehme Träume
eure Unmutsfalten glätten!

Nun heißt es - mit Winden ringen,
ums Überleben singen!

Ihr kennt nur meine Melodie,
ich spiele sie an vielen Orten.
Nun fließt sie durch die Galaxie,
ergießt sich in die Nacht im Klageton
kummervoller, leidgeprägter Worte.
Die Wehmut ergießt sich in siedender Glut
in frostgezauberte Kelche,
und etwas entknotet sich tief in der Brust
und kommt zum Schmelzen.

Ich neck meinen Hund, und er mag meine Scherze.
Und alles ist plötzlich wieder gut.

Ist das nicht witzig?
Man haucht wie ein Drache
aus dem Innern dampfende Glut
und bringt einen Eisklumpen
zwischen den Rippen
samt lästigen Schmerzen im Rücken
zum Schmelzen.

Nennt man das etwa Alchemie?
Bei etwa drei Schippen Phantasie
röstet der bissige Januarfrost
mir saftige Steaks auf dem Rost,
oder erschafft mir aus meinem
heiß dampfenden Atem
Rotkraut, Kloß und Sauerbraten.

Ach, was soll's. Wir singen uns warm,
mein Hund jault fleißig mit.
Unser Duo wär' sicher auf einer Bühne
ein unschlagbarer Hit.
Dafür sind wir hoffentlich morgen früh
fürs Tagewerk heil und fit.

Ich träume vom kommenden Frühling.
Er schmilzt wie gesalzene Butter auf Brot.
Ich verspreche dir, Vater, Gott hab dich selig,
ich bringe mein Leben wieder ins Lot.
Wir stehen auf einer blühenden Wiese -
ich, Mutter, du und mein Hund.
Die Luft ist so warm und lichtdurchflutet,
alles ringsum ist herrlich bunt!

Alles strahlt und gedeiht
vergissmeinnichtblau, sonnengelb, feuerrot,
als gäbe es nirgends auf diesem Planeten
einen Grund für Elend und Not,
als gäbe es weltweit keinen Kummer,
keinen leidgeprägten Streit.
Die Welt schmeckt nach Honig
und leuchtet von innen,
alles ist heil und in sich stimmig.

Alles, was war, wird neu geschrieben
auf ein blankes Blatt.
Ich träume, ein Engel kniet vor mir nieder
und streichelt mein Leben glatt.

Wunderbar!

Gelobt sei die holde Normalität -
oft verkannt und zu Unrecht geschmäht!
Ist es nicht wunderbar, wenn etwas brät
und nicht verbrannt zum Krautsalat
genießbar auf den Tisch gerät?

Die Nachbarskatze kriegt ein Kätzchen,
keiner ist drauf aus zu petzen.
Vom Zusammenprall mit Türen
gibt es keine blauen Flecken.
Plastik flutscht in gelbe Säcke,
man kapiert den Begriff „kulant"
und findet den Abfuhrtermin relevant.
Ist das nicht wunderbar?
Man nimmt meine Predigt wahr!

Nur die Politiker setzen uns zu:
Es kracht mal hier, mal da
und hört nicht auf zu scheppern.
Man hört am laufenden Band alle meckern -
die in der Mitte,
die mit Blümchen am Hut,
und die an dem Rand
finden eh gar nichts gut.

Auch im kleinen Format läuft's nicht anders.
Und sagt man was, sind alle gleich entsetzt!
Ich wurde versetzt ... In ein anderes Referat!
Jetzt sitz ich auf engem Fleck

mit dem Griesgram Hobelbeiner!
Mit dem kommt laut Firmengerücht
kein vernünftiger Mensch ins Reine.
Meine Großmutter pflegte zu sagen:
„So ein Blick bringt die Milch zum Gerinnen."
Dauernd sauer zu sein ist doch keine Option!
Bei Versäuerung neigen die Zellen
bekanntlich zur Mutation.

Sein Hobby ist angeblich Fitness plus Schwimmen!
Und sollte das tatsächlich stimmen,
so fragt man sich – wie soll das gehen
bei dem säureverseuchten Gewebe?
Was soll's. Das war wohl nur so ein Gerede.
Dem trau ich mich eh nichts zu sagen ...

Doch wer hätt's gedacht, dass ich's wage,
mich beim Chef über meine missliche Lage
mehr oder weniger zu beklagen?
Ich sagte ihm sinngemäß, logischerweise
in ganz anders gewählten Worten:
„Ich, dünnes Gestrüpp, und der Klotz – schlecht!"
Er sah mich an,
ich konnte den Puls in seiner Stirnader orten.

Da er hustete, sagte ich ihm, -
das sollte den Inhalt relativieren -
„Ingwer, Honig und richtig heiß."
Doch der Eindruck ließ sich nicht ausradieren ...
„Ins Büro, Frau Ross! An die Arbeit! Sofort!"
Ich piepste: „Herr Hornbühler, gleich ..."

und bewegte mich rückwärts zur Tür hinaus.
Bin ich morgen dann noch an Bord?
Oder weg vom Fenster, auf immer fort?
Ich sagte doch nur, den Tee trinkt man heiß ...

Sind wir denn tatsächlich schon so weit? -
Vergütet man einem gute Tipps
mit Sturm in der Ader und einem Verweis?!
Außerdem heiß ich nicht Ross!
Er ist der Boss, da nimmt man doch an,
dass er das weiß!
Ich trotte zurück, geplättet und niedergedrückt.
Es fühlte sich an, als liefe ich dauergebückt.

Ein paar Stunden vergehen.
Gong! Vier! Weg vom Ort der Tortur!
Anruf! Ich eile in voller Montur ins Revier.
Die Aufregung war für die Katz':
Mein Mann ist heil,
am Auto – kein einziger Kratzer.
Der Glückspilz grinst: „Ich hab keinen Airbag.
Der andere hat an der Stirn eine Beule."
Jetzt geht's uns bis Mitternacht gut,
wir sind nämlich beide Eulen.

Morgens wünsch ich mir manchmal,
ich wär eine Lerche,
mir fällt es nämlich wahnsinnig schwer,
mich ins Tagesgefüge zu pferchen.
Und der Volksmund lobt doch die Morgenstunde
mit ihrem Gold im Munde.

Ach, was soll's, manche sind für robustes „Geröll"
zu sensibel, zu zart oder einfach zu schmächtig.

Dafür geht's mir jetzt wunderprächtig!
Das Essen dampft, die Kartoffeln sind gar,
der Kleine erzählt, was er im Tiergarten sah.
Das Leben ist manchmal
wie ein Tag nach dem Regen -
windstill, sonnig und klar.

Ich sag doch, gelobt sei die Normalität,
ein Tag, an dem nichts aus den Fugen gerät!
Manche mögen's floral, manche mögen's fatal.
Ich mag es schlicht und einfach normal.
Das finde ich goldrichtig und wunderbar!

Das 104-te Schaf

Da klettert jemand, Mama, in den Himmel!

Das gibt es nicht, mein Schatz,
der Himmel ist kein Baum.
Der Drachentöter reitet auf dem Schimmel.
Dank seiner Flügel
fliegt ein Spatz von Baum zu Baum.
Der Engel, der dich nachts bewacht,
fliegt Streife durch den bösen Traum
und wartet, bis das Kind erwacht
und über etwas herzlich lacht.
So schlaf, mein Schatz, und zähl dein 103-tes Schaf,
bis du bei Sonnenlicht erwachst
und über deine Ängste lachst!

Da klettert jemand, Mama, in den Himmel.
Ich weiß, ich weiß, der Himmel ist kein Baum!
Die Engel fliegen auf dem Schimmel
durch meinen bösen, bösen Traum.

Ich war dabei, das 104-te Schaf zu zählen,
es wollte mir jedoch nicht folgen,
entschlüpfte mir und hüpfte auf die Wolke.
Die Wolke streifte einen Baum
und regnet mir das Schaf und eine Pfütze
in meinen allerschönsten Traum.
Ups!

Danksagung

Mein besonderer Dank gilt Isolde Schneider für die sprachliche und inhaltliche Beratung und Annett Tschiedel für die Gestaltung des Layouts, ohne deren Geduld und Sachverstand dieses Buch nie zustande gekommen wäre. Vielen herzlichen Dank!